| 改訂版 |

ハンガリー・ブダペストへ

夢見る美しき古都

鈴木文恵

はじめに

地図を広げる、それはもう旅のはじまりです。

ブダペストを上空からながめると、
大きな川が街を縦断していることがわかります。
ドナウ川、ハンガリー語で「ドゥナ（Duna）」は
この街に息吹を与え、発展を支え、歴史を見守ってきました。

街はその両岸に広がります。
地図上でドナウ川の左岸はブダ、右岸がペスト。
ブダに曲がりくねった通りが多いのは、その地形に起伏があるから。
ペストに目を移すとまっすぐな通りが細かく交差しています。
にぎやかな通りなのか、静かな住宅地なのか、
どんな建物が立っていて、どんな雰囲気の街角なのか……。
そこまで思い描きはじめたら、自分の足で歩いてみたくなるはず。

ひと言だけ、先にいってしまうと、ブダペストは美しい街です。
それは、私たちが生まれる前の時代からなので間違いありません。
ブダペストの街の魅力は？と聞かれたらひと言ではいえません。
それは、たぶん、人それぞれ感じるものが違うから。

悠々と流れるドゥナ、ノスタルジックな街並み、
そこに暮らす人々の生活が織りなす空気を感じながら、
ブダペストの街を自由気ままに歩いてみませんか？
その先の角を曲がって、少し行ったところに、
自分だけの、とっておきのブダペストが見つかるかもしれません。

CONTENTS

- 2　はじめに
- 6　ブダペストのひとコマ
- 8　ハンガリーの基本情報＆ハンガリーMAP
- 9　ブダペストの歴史
- 10　ブダペストMAP

ブダペスト散歩

18 Budapest
ドナウ川が流れる古い都に
レトロとモダンが交差する

22 Buda
歴史を感じる丘に上って
ブダペストの街を一望！

- 24　情緒あふれるブダ王宮の丘
- 27　丘から川岸へ、水の都を散策
- 28　飲食店
- 30　バラの丘に中世の名残を見る
- 32　ゲッレールトの丘から眺望を楽しむ

34　ドナウ川にかかる美しき橋

38 Pest 5区（V）
ペストの発展はここから
ハンガリー政治、経済の中心

- 40　見どころ
- 42　ドナウ川沿いを走るトラムに乗って
- 44　ショップ
- 50　扉の奥に広がるとっておきの中庭へ
- 55　飲食店

57　光り輝くクリスマスの季節
58　ハンガリアンコスメ

60 Pest 6区（VI）
19世紀末の美しい都市計画で誕生
アンドラーシ通りとその周辺

- 62　見どころ
- 63　世界遺産のミレニアムメトロ
- 64　クラシック音楽を楽しむ
- 68　ショップ
- 71　飲食店

74　今、市民公園がおもしろい！

76 Pest 7区（VII）
重厚な建物が並ぶ古い住宅街が
ブダペストの今を感じる地区に

- 78　街を彩るストリートアート
- 80　見どころ
- 81　オトナの遊び場＆マーケット
- 86　ショップ
- 90　飲食店

95　8区＆13区のおすすめ散歩道

98 Óbuda 3区（III）
かつての古代ローマ都市
遺跡が点在する住宅地

- 99　見どころ
- 103　飲食店

105　ブダペストのホテル

4

ブダペストをもっと楽しむ&郊外へ

110 蚤の市で宝物探し

112 人気のデザイン&アンティークマーケット

114 ファンタジーあふれる絵本の世界

116 街中に点在する美しい温泉めぐり

122 世紀末建築とアート

126 リフトに乗ってブダペスト最高峰へ

128 巨大な像の行きついた場所へ──

◎ブダペストからワンデイトリップ

129 シシィが愛したゲデレー宮殿

130 芸術家を魅了した町、センテンドレ

134 ウィーン、ブラチスラヴァへ

ハンガリーで食べる

136 色あざやかなハンガリーの食文化

138 おすすめハンガリー料理

144 ブダペストの台所、中央市場

146 6区と7区の地元市場めぐり

147 スーパーマーケットで買えるおいしいおみやげ

148 甘い誘惑、ハンガリーのスイーツ

150 ワインとフルゥッチ

ハンガリーの手仕事と
伝統文化に触れる

152 受け継がれていくハンガリーの手仕事

154 花ほころぶハンガリー刺繍
カロチャ刺繍／マチョー刺繍

158 フォークアート・フェスティバル

160 伝統文化のリバイバル、ターンツハーズ

162 ブダペスト旅のヒント

169 ブダペストカレンダー

170 INDEX

172 おわりに

※本書掲載のデータは、基本的に2024年
12月現在のものです。店舗の移転、閉
店、価格改定などにより実際と異なる
場合があります

※「無休」と記載している店舗でも、一部
の祝祭日は休業する場合があります

※本書掲載の電話番号はすべて現地の
電話番号です。ハンガリーの国番号は
「36」です

※ハンガリーでは、日本の1階にあたる地
上階はF（földszint）もしくは0階、2階
は1階、3階は2階と表記されています。
本書では日本の階数表記で掲載して
います

エルジェーベト広場の観覧車で、8分間の空の旅を体験してみて。

集合住宅の扉と窓に、アール・ヌーヴォーのステンドグラスが。

ブダペストのひとコマ

20世紀はじめに建てられたパーリジ・ウドヴァルのファサード。

ペットフレンドリーな店も多い。店員さんも思わず笑顔に。

おいしいコーヒーとお菓子、話もはずむ幸せなカフェ時間。

クリームの量がすごいシュークリーム。

トルタの並ぶショーケース、いつもなかなか選べない……。

5月、教会の前に植えられている藤の花が咲きほころぶ。

ブダで見かけた住宅の窓の下に、蝶がとまっていた。

フォルク・ミクシャ通り、骨董品店のショーウィンドウ。

土曜の朝、並んだ先に待っているのは焼きたてのパン！

動物園、エレファントハウスもアール・ヌーヴォー建築。

ヴァーチ通り、美しい外観のショップに思わず足が向く。

ヴァイダフニャド城の向こうに紅白の気球がふわり。

ふと振り向いたら、遠くに宮殿みたいな建物が見えた。

中庭から見えるのは四角く切り取られた青空。

マルギット島、色とりどりの花が咲いている道をのんびり歩く。

ハンガリーのダンス、動きに合わせて広がる衣装がステキ。

市民公園近くで見かけた古い邸宅。レリーフが美しい。

レンガの色が愛らしい、午後の光に照らされるシナゴーグ。

温泉の後に小腹が空いたらサンドイッチでも。

昼間に行っても独特の雰囲気がある廃墟バー。

秋晴れの朝、ちょっと肌寒いけれど楽しい散歩の時間。

ラズベリーシロップの炭酸水割りは夏の味。

東駅、古い駅舎のなかにはきれいに改装された階段が。

ハンガリーの基本情報

正式国名	ハンガリー／Magyarország（マジャルオルサーグ）
面積	約9万3000㎢（日本の約4分の1）
首都	ブダペスト
政治体制	共和制
公用語	ハンガリー語。観光地、レストランなどでは英語が通じる
人口	約958.4万人／ブダペストの人口は約168.6万人（2024年 中央統計局）
宗教	カトリック 30％、改革派教会 9.8％、ルター派教会 1.8％、東方正教会 0.1％、ユダヤ教 0.07％、その他 1.7％、無宗教 16.1％、無回答 40.1％（2022年 中央統計局）
通貨&レート	フォリント（Forint 省略形はHUFまたはFt） 1フォリント＝約0.39円（2025年1月現在）
日本との時差	8時間（3月の最終日曜から10月の最終土曜までは夏時間で7時間）

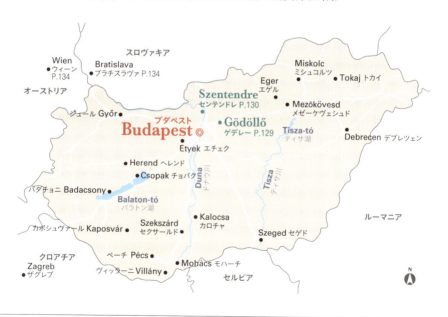

ブダペストの歴史

ブダペストという名の町が生まれたのは1873年のこと。ドナウ川西岸の王宮のある「ブダ」と古代ローマの遺跡がある古い町「オーブダ」、そしてドナウ川東岸の「ペスト」の3つの町が合併して、ブダペスト市が誕生しました。ブダペストがひとつの市となってすぐに、大きな都市計画がはじまります。

1876年にはペストに目抜き通りとなるアンドラーシ通りが誕生し、通り沿いには国立オペラ座が建てられました。1896年には、ハンガリー人（マジャル人）がこの地に定住して国を興し千年になることを記念した「千年祭」の博覧会が開催され、メイン会場となる市民公園までまっすぐにのびるアンドラーシ通りの下に地下鉄が開通しました。千年祭の前後につくられた聖イシュトヴァーン大聖堂、国会議事堂、漁夫の砦、英雄広場、そして英雄広場の左右にシンメトリックに立つふたつの美術館などは、現在でもブダペストの見どころとして多くの観光客が訪れています。

中心部の集合住宅の多くもこの時代に建設され、ブダペストの街は今見るその姿を形成。やがて時代は激動の20世紀を迎えます。

第一次世界大戦、第二次世界大戦によって、ドナウ川にかかる橋が破壊されるなどブダペストも大きな被害を受けました。戦後はソビエト連邦の傘下に組み込まれ社会主義国に。1956年にはソビエト連邦の支配に市民が蜂起したハンガリー動乱があり、いまだに外壁に当時の銃痕を残した建物を見かけます。

歴史に翻弄された20世紀も終盤に差しかかった1989年10月、ハンガリーは共産党の一党独裁を廃止。複数政党を認め、45年続いた社会主義に終止符を打ちます。11月にはベルリンの壁が崩れ、鉄のカーテンの向こう側にあった東欧諸国も次々と民主化を成し遂げヨーロッパは新たな時代を迎えます。ハンガリーは同時期に民主化したチェコ、ポーランド、スロヴァキアとともに2004年にEUに加盟し、現在に至ります。

ハンガリー語について

ハンガリー人はウラル山脈の草原からにこの地にたどり着いた騎馬民族の末裔といわれています。その歴史を証するように、ハンガリー語はハンガリーが国境を接している隣国のドイツ語、スラブ系、ラテン系のどの言葉とも全く違う言語で、フィン・ウゴル語派に属します。

◎ハンガリー語では、ハンガリーのことを「マジャル」という。歴史に登場するマジャル人はハンガリー系民族のこと
◎アジアにルーツを持ち、名前を姓・名の順で表記する（本書でも名前の表記はハンガリー式に記載）
◎Sが「シュ」と発音されるので、ブダペストはハンガリー語では「ブダペシュト」という

＊通りの読み方はP.21参照

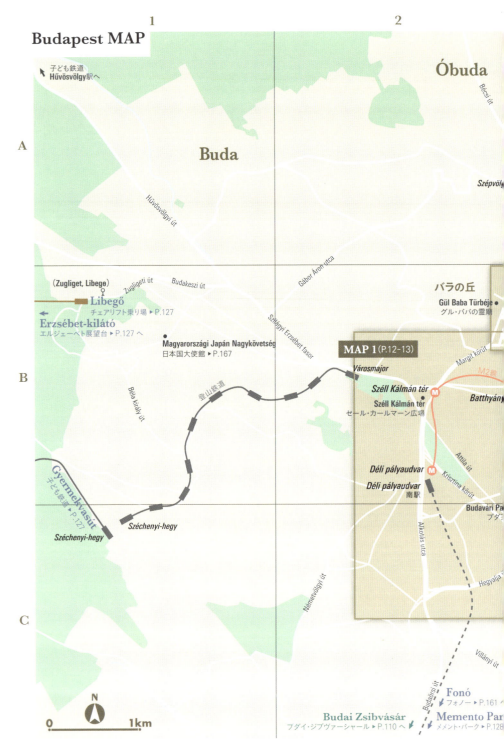

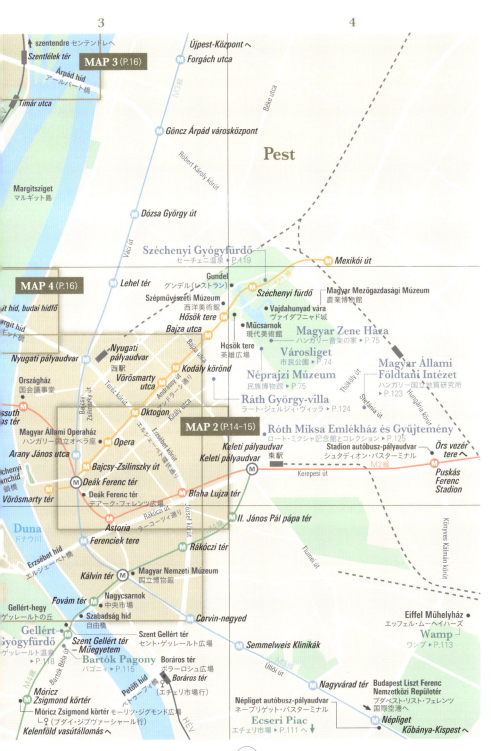

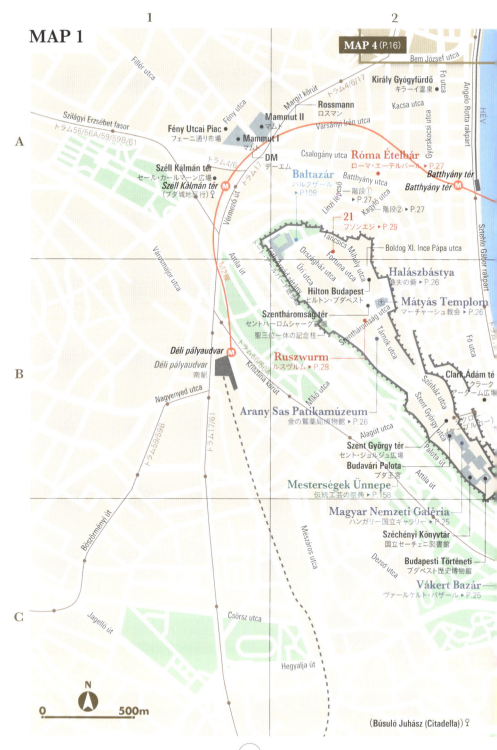

3 4

Jászai Mari tér ヤーサイ・マリ広場
ム2番、2B番、23番
始発・終着
Balaton utca
Szent István körút
Váci út
M3 号线 XYZ26

WestEnd City Center
ウエストエンド・シティ・センター
Rossmann
ロスマン
DM
デーエム

Városliget ↗
市民公園 ▶ P.74 へ

Anna Antikvitás
アンナ・アンティクヴィタシュ ▶ P.48
Nyugati pályaudvar

(チェリラフ乗り場行)
Nyugati Pályaudvar
西駅(ニュガティ・パーイアウドヴァル) ▶ P.62
アクドナルド

Széchenyi Gyógyfürdő
セーチェニ温泉 ▶ P.119 へ
Sziv utca

Balassi Bálint utca
Falk Miksa utca
Lipótváros
Idősebb Antall József rakpart

Teréz körút
テレーズ
環状通り

Szondi utca
Izabella utca

Kodály körönd
コダーイ・クルンド M

Terézváros

Kossuth Lajos tér
コシュート・ラヨシュ広場
Alkotmány utca
トロリーバス 70 78

Liszt Ferenc Emlékmúzeum
リスト・フェレンツ記念博物館 ▶ P.66
Vörösmarty utca

Országház
国会議事堂 ▶ P.4
Kálmán Imre utca
Báthory utca

Vörösmarty utca

MAP 2 (P.14-15)

Idősebb Antall
Iorsef rakpart
Kossuth
Lajos tér
コシュート
ラヨシュ広場
Akadémia utca
Nádor utca
Szabadság utca
Szabadság tér
自由広場

Oktogon M Oktogon
オクトゴン

Sziofia utca

Arany János utca
Arany János utca
Bank utca

Liszt Ferenc tér
リスト・フェレンツ広場

Erzsébet körút
エルジェーベト環状通り

M1 号线

Szent István
Bazilika
聖イシュトヴァーン
大聖堂
▶ P.40
Október 6. utca
Bajcsy-Zsilinszky út
Andrássy út
アンドラーシ通り

Magyar Állami Operaház
ハンガリー国立オペラ座
Opera
Opera

Király utca

Zrínyi utca
chenyi István tér
セーチェニー・
シュトヴァーマン広場
chenyi
nchíd
▶ P.36

József Attila utca
József nádor tér
ヨージェフ・ナードル広場

Herend
ヘレンド ▶ P.46
Erzsébet tér
エルジェーベト広場

Klauzál tér
クラウザール広場

Erzsébetváros

トロリーバス 74

Zsolnay
ジョルナイ ▶ P.47
Vörösmarty tér
ヴルシュマルティ広場
Vigadó tér
ヴィガドー広場
Vigadó tér
Hajóállomás
船着場

Vörösmarty
tér
Dorottya utca
Apáczai Csere János utca
Gerbeaud
ジェルボー(カフェ)

Deák Ferenc tér
Deák Ferenc tér M
デアーク・フェレンツ広場

Dob utca
Wesselényi utca
Síp utca

Blaha Lujza tér
ブラハ・ルイザ広場 M
M2 号线

Vigadó
ヴィガドー ▶ P.37
Legenda
レゲンダ ▶ P.37
Folkart Kézműveshaz
アート・ケーズムーヴェシュハーズ ▶ P.44
Müller
ミュレル ▶ P.59

Károly körút
Pauza
パウザ ▶ P.48

Szamos Gourmet Ház
サモシュ・グルメ・ハーズ ▶ P.56
Bomo Art
ボモ・アート ▶ P.48
Astoria

Rákóczi út

Rákóczi út
ラーコーツィ通り

József körút

Rododendron Art & Design Shop
ロドデンドロン・アート&デザイン・ショップ ▶ P.53

Párisi Udvar
パーリジ・ウドヴァル

Ferenciek
tere
Kossuth Lajos utca
Realtanoda utca
Magyar utca
Múzeum körút

Fekete
フェケテ ▶ P.54
Tako
タコ ▶ P.54

Paloma Artspace
パロマ・アートスペース ▶ P.51

Rákóczi tér
ラーコーツィ広場 M

zsavölgyi Csokoládé
エルジ・チョコラーデー ▶ P.49
Szabad sajtó út
Váci utca

Károlyi utca
Bródy Sándor utca

M4 号线

Erzsébet híd
エルジェーベト橋
▶ P.35

Ferenciek tere
フェレンチェク広場

Auguszt
Cukrászda
アウグスト・ツクラースダ
▶ P.56

Királyi Pál utca

Magyar Nemzeti Múzeum
ハンガリー国立博物館 ▶ P.95

Mikszáth Kálmán tér
ミクサート・カールマーン広場
Reviczky utca
Krúdy utca

Harminckettesek tere
ハルミンツケッテシェク広場

Belváros
Irányi utca

Reául Wallenberg rakpart
M3 号线 7/4/7/56/56A

Centrál Kávéház
ツェントラール・カーヴェーハーズ

Kálvin tér M
カールヴィン広場

Baross utca

Fővárosi Szabó Ervin
Könyvtár
首都サポー・エルヴィン図書館 ▶ P.95

llert-hegy
ールトの丘 ▶ P.32
Citadella
タデッラ
(城塞)
自由の像
Rudas
yógyfürdő
温泉 ▶ P.120

Duna
ドナウ川

Szabadság
híd ▶ P.34

Fővám tér
Fővám tér
フェーヴァーム広場

Vámház körút

Nagycsarnok
中央市場 P.144

Iparművészeti
Múzeum
応用美術館 ▶ P.122

Corvin Plaza
コルヴィン・プラザ

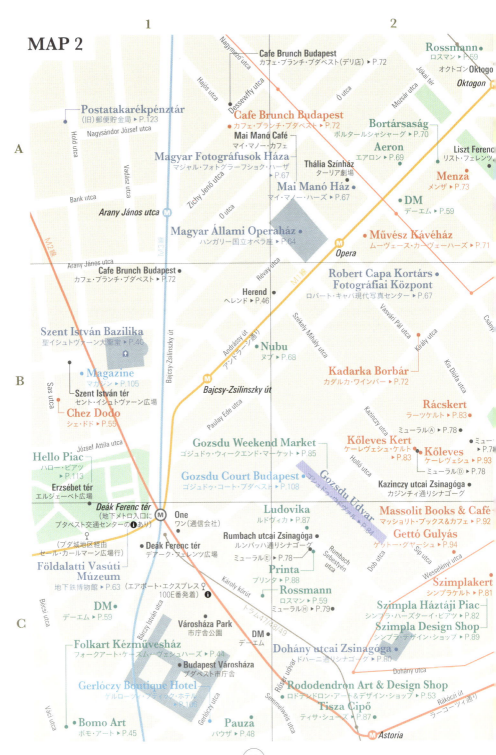

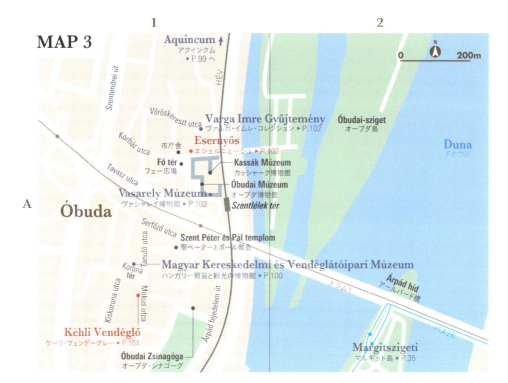
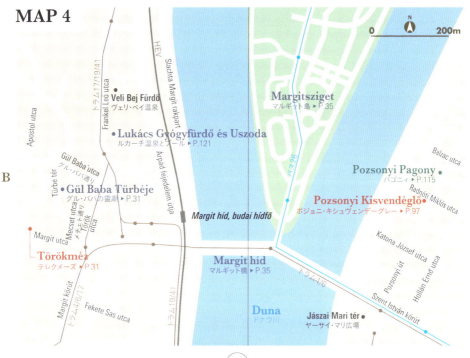

ブダペスト散歩

Séták Budapesten

Budapest

ドナウ川が流れる古い都に
レトロとモダンが交差する

丘の上に立つブダ王宮と鎖橋。ドナウ川沿いにはながめのよい散歩道が続いている。

1. ブダペスト東駅。国際線も発着し早朝から夜遅くまで人の行き来が絶えない。2.6区、アンドラーシ通りにある装飾が見事な建物。19世紀末の建築をリノベーションしてオフィスビルに。

　1873年、ドナウ川西岸の「ブダ」、その北に位置する「オーブダ」、そして東岸に広がる「ペスト」という3つの町が合併して誕生したのがブダペスト。丘の上に王宮が立つブダは、自然に恵まれた山の手の雰囲気。オーブダは「古いブダ」という意味で、その名の通り歴史が古く、古代ローマ時代の遺跡が残っています。なだらかな起伏のあるブダにくらべてペストは平らな土地で、昔から商業の町として栄えてきました。

　19世紀末から20世紀初頭にかけて町の発展とともに人口が増え、多くの建物がこの時代に建設されました。町はドナウ川を中心に円心状に広がり、ファサードを抜けると中庭のある集合住宅が隙間なく立ち並んで通りを形成しています。市が誕生して約150年、いくつもの大きな歴史的局面にぶつかってきたブダペストですが、その間も重厚な石づくりの集合住宅のなかでは市民の生活が脈々と続いてきました。ブダペストの魅力のひとつは、世紀を越えても今なお同じ佇まいと、そこに息づく日常の風景にあると思います。

　もちろん街は日々変化しています。メトロの駅が新しくなったり、おしゃれなカフェやレストランがオープンしたり。そんな変化も、昔ながらの風景を舞台に繰り広げられる楽しい物語のようです。長い間修復されていない建物は、外壁がところどころはがれ落ちていて、それがかえって古きヨーロッパの街並みを思わせます。上階までこだわってつくられている建築物も多いので、時々見上げてみてください。天使や女神のレリーフを見つけられるかもしれません。4桁の数字が刻まれていたら、それは建設された年です。

　ブダペストの見どころは、町中にほどよく点在しています。一歩脇道にそれれば、古い看板の残る路地や石畳の小道で犬の散歩をする人や、手をつないで歩く老夫婦の姿を見かけるでしょう。大きな町ではないので、迷う心配もありません。気ままにふらふらと歩いてみたら、きっとレトロとモダンが交差しているこの街ならではの発見があるはずです。

ブダペストのエリアについて

ブダペストには23区あり、それぞれに番号と名称がついています。ブダ王宮のある1区と国会議事堂や聖イシュトヴァーン大聖堂のある5区というドナウ川をはさんだふたつの区を中心に、環状通りや放射状にのびる通りで区分けされています。本書では、まず歴史的な見どころの多いブダを、そしてドナウ川を渡って5区、6区、7区をご紹介。さらに、ちょっと足をのばして3区オーブダ、日帰りで行ける近郊の町へとご案内します。

◎住所の読み方

ハンガリーでは住所の表記順が日本と同じ。たとえば「Liszt Ferenc tér 2(リスト・フェレンツ広場2番)」のように、広場や通り名の後に番号が表記されます。また建物の番号は、通りの両側で偶数と奇数に分かれてつけられています。たとえばキラーイ通り4番の隣は6番で、5番は通りの向かい側。区と通り名の入った標識は、たいてい通りの角に立つ建物の壁にあります。

tér 【広場】
例 **Deák Ferenc tér**
(デアーク・フェレンツ・テール)

út 【大通り】
例 **Andrássy út**
(アンドラーシ・ウート)

utca 【通り】
例 **Király utca**
(キラーイ・ウッツァ) ＊省略形はu.

körút 【環状通り】
例 **Károly körút**
(カーロイ・ケルート) ＊省略形はkrt.

フニャディ広場市場の前にある広場のカフェ。木漏れ日が心地よい。

Buda
ブダ

歴史を感じる丘に上って
ブダペストの街を一望！

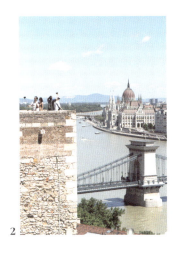

丘が連なり起伏のあるブダ。緑豊かな土地に閑静な住宅地が広がっています。交通の起点となるのはメトロM2線の駅があるセール・カールマーン広場と、M4線の駅があるモーリツ・ジグモンド広場。どちらもブダのさらに奥へと走るバス路線のターミナル駅です。ペストからのびる道路ともつながっていて、トラムでもアクセス至便。とくにセール・カールマーン広場へと続く環状道路沿いには店が多く、駅近くにはショッピングセンターのマムト、新鮮な食材を売るフェーニ通り市場もあるので人通りが多いエリアです。

ブダの見どころは、それぞれドナウ川沿いの丘の上にあります。中世の街並みが残るブダ王宮の丘、オスマン帝国時代の面影を残すバラの丘、そして素晴らしい眺望が広がるゲッレールトの丘です。どの丘も少し時間と体力が必要ですが、徒歩で上ることもできます。

ドナウ川沿いはマルギット橋と自由橋のたもとにあるセント・ゲッレールト広場の間をトラム19番、41番が運行しています。歩行者用のプロムナードもあり、メトロM2線のバッチャーニ広場（Batthyány tér）駅周辺は人気の散歩道。向こう岸には国会議事堂が美しい佇まいを見せています。川沿いを走ってきたトラムは、メトロのセント・ゲッレールト広場（Szent Gellért tér-Műegyetem）駅からドナウ川を離れモーリツ・ジグモンド広場に向かいます。その線路が中央にあるバルトーク・ベーラ通り（Bartók Béla út）は街路樹の並ぶ大通り。カフェやレストランが店先にテラス席を設けていて、くつろぐ人やおしゃべりを楽しむ人の姿があります。生花店や精肉店、ベーカリーなどもありローカルな雰囲気満載の通りです。

| MAP ▶ P.11 C-3、P.12、P.13 C-3 |

1.マーチャーシュ教会の近くにある噴水。2.庭園のヴァールケルト・バザールからエスカレーターとエレベーターでブダ王宮に上ると、城郭に沿った展望スポットに出る。3.ヴィージヴァーロシュ地区にあるベーカリーの店先。4.ヴァールケルト・バザールのバルコニー。

23

Buda

情緒あふれるブダ王宮の丘

ドナウ川のほとり、小高い丘の上に立つブダペストのシンボル、ブダ王宮（ブダ城）。13世紀、この地に最初に城を築いたのはハンガリー王のベーラ4世でした。16世紀になるとハンガリーはオスマン帝国の支配下に入り、17世紀末の戦争で城は破壊され、18世紀、ハプスブルグ家の統治時代に再建されます。その後も増改築を重ねて現在の姿になったのは、20世紀に入ってからでした。

王宮を出て城内を北に行くとブダ城地区の中心、セントハーロムシャーグ広場に出ます。広場には黒死病といわれたペスト流行の終焉を記念し18世紀初頭に立てられた聖三位一体の記念柱、マーチャーシュ教会、漁夫の砦があります。この広場を中心に、レストランやショップが点在する小さな通りが数本のびています。通りに並ぶ建物の多くは18～19世紀に建てられたもので、城内全体がユネスコの世界遺産に登録されています。今でも住居として利用されている建物が多く、厚い石の壁の向こう側にはブダペスト市民の普段の生活があります。

◎ペストからブダ城地区へのアクセス
デアーク・フェレンツ広場（MAP▶P.14 C-1）始発のバス16番が、ブダ地区を通ってセール・カールマーン広場（MAP▶P.12 A-1）との間を往復している。セール・カールマーン広場からブダ城地区へはバス16番のほか16A番、116番で。鎖橋からすぐ、クラーク・アーダーム広場と王宮への入り口があるセント・ジョルジュ広場は、シクロー（ケーブルカー）でもつながっている。またヴァールケルト・バザールからはエスカレーターとエレベーターで王宮の南城郭まで上れる

1. 王宮の建物には現在、ハンガリー国立ギャラリー、ブダペスト歴史博物館、国立セーチェニ図書館が入っている。
2. 中世城郭の趣を残すブダペスト歴史博物館。

ハンガリーの芸術に触れる
Magyar Nemzeti Galéria
| ハンガリー国立ギャラリー

14〜16世紀、ハンガリー王国時代の宗教画、祭壇などゴシック芸術のコレクションにはじまり、ムンカーチ・ミハーイやシニェイ＝メルシェ・パールに代表される19世紀から20世紀にかけて活躍したハンガリー人画家の作品が並びます。さらに第二次世界大戦前後の近代美術まで、ハンガリーで生まれた芸術作品を時代ごとに分けて展示しています。

Szent György tér 2
TEL.(1) 201-9082／mng.hu
10:00〜18:00、無休(ただし月曜は常設展のみ見学可) ※ドームは10:00〜17:00(天候によってテラスに出られない時もある)
料金：5400Ft(常設展)
| MAP ▶ P.12 B-2

3.中央にあるドームには上ることができ、ドナウ川をより高いところからながめられる。4.展示は4階まである。広いので入り口で館内図をもらおう。

王宮へと続く庭園
Várkert Bazár
| ヴァールケルト・バザール

ブダ王宮南のふもと、ドナウ川に面して19世紀末につくられたネオ・ルネッサンス様式の庭園です。長期にわたり閉鎖されていましたが、改修工事を経て2014年から一般公開されています。噴水があり、花壇にはバラなどが植樹されていて、園内の建物にはレストランやイベントホールもあります。

Ybl Miklós tér 2-6／TEL. (06) 30-198-5274
varkertbazar.hu
6:00〜24:00、無休
料金：無し(ただしコンサートなどの有料イベントあり)
| MAP ▶ P.12 B-2

5.優雅な佇まいを見せる庭園のファサード。この入り口に向かって右側に王宮へと続くエスカレーターがある。

Buda

尖塔が高くそびえる
Mátyás Templom
| マーチャーシュ教会

　最初に教会が建てられたのは13世紀、増改築を経て19世紀に今の姿に。屋根の瓦は南部の町ペーチにある陶磁器工房ジョルナイのもの。内部の壁や柱に施された幾何学模様、天井画にどこかオリエンタルな印象を受けます。

砦の一部はカフェとしても営業中。夜間はライトアップされるので夜景も素敵。

上階にはハンガリー王冠のレプリカなど宝物の展示がある。

Szentháromság tér 2
TEL.（06）20-622-6261
matyas-templom.hu
9:00～17:00（土曜12:00）、日曜13:00～17:00、無休（ただし教会行事などで見学時間の変更あり）
料金：教会2900Ft、塔3400Ft

| MAP ▶ P.12 B-2 |

とんがり屋根がかわいい砦
Halászbástya | 漁夫の砦

　ハンガリー建国千年を記念してつくられた展望台。中央には初代のハンガリー王、馬にまたがったイシュトヴァーン1世の像が。上階は日中、入場料が必要ですが、無料の1階からでも素晴らしいながめを楽しめます。

fishermansbastion.com
無休
料金：1500Ft（ただし10～5月9:00～19:00、6～9月9:00～21:00以外は無料）

| MAP ▶ P.12 B-2 |

アンティーク好きな人はぜひ
Arany Sas Patikamúzeum | 金の鷲薬局博物館

　18世紀中頃に薬局だった建物内につくられた小さな博物館です。中世の薬局とそのラボラトリーを、実際に使われていた家具や用具で再現。ラボラトリーには魔女がいたのかも……と思わせるような雰囲気が漂います。

Tárnok utca 18
TEL.（1）375-9772
夏季10:00～18:00、冬季10:00～16:00、月曜休
料金：1000Ft

| MAP ▶ P.12 B-2 |

薬局のカウンター。薬を調合するのに使われた乳鉢や天秤がおいてある。アーチ型の天井にも時代が感じられる。

〈階段1 MAP ▶ P.12 A-2〉

丘から川岸へ、水の都を散策

　ブダ王宮の丘とドナウ川にはさまれた地区は、ヴィージヴァーロシュ（Víziváros）と呼ばれています。ヴィーズは水、ヴァーロシュは都市を意味するので「水の都」。斜面に沿って閑静な街並みが広がっています。

　マーチャーシュ教会からヒルトン・ホテルの方向に歩き、ホテル建物に沿って右に曲がり、ボルドグ・ティゼンエジ・インツェ・パーパ通り（Boldog XI. Ince Pápa utca）を進むと、突き当たりに屋根つきの階段とエレベーターが。下に降りると小さな噴水があり、あたりは木々に囲まれ、漁夫の砦周辺の喧騒がまるで幻だったかのよう。階段を背にして左にのびる遊歩道が、さらに丘を下りる階段へと続きます。通りに出たら、またすぐ階段が。勾配のある町では、階段が通りと通りをつなぐ近道。それぞれ風情のある光景が目の前にあらわれるでしょう。

2 〈階段②　MAP ▶ P.12 A-2〉

1.リンジ階段は4つの通りをつなぐ長い階段。いちばん下のバッチャーニ通り（Batthyány utca）に出るとアイスクリーム店やベーカリーがある。2.木々の緑が清々しいカジロー通り（Kagyló utca）。

地元で人気の食堂

Róma Ételbár
ローマ・エーテルバール

ランチタイムのみオープンしている食堂。ハンガリー料理が並ぶメニューも、飾らない店の雰囲気も「昔ながらの」という言葉がぴったり。ラズベリーシロップを炭酸水で割ったドリンクもレトロな味でおすすめ。

プルクルト（P.139）とトゥーローシュ・チュサ（P.142）。

Csalogány utca 20 ／ TEL. (06) 30-190-7773
www.romaetelbar.com
11:00～16:00、無休
英語メニュー

| MAP ▶ P.12 A-2

Buda

創業1827年、老舗の菓子店
Ruszwurm | ルスヴルム

1

2

3

1.こぢんまりとした店内、夏はテラス席も人気。トルタや焼き菓子はテイクアウトもできる。2.マルチパン（マジパン）リキュール入りのトルタ。3.ふわっとしたクリームがたまらないクレーメシュ。

Szentháromság utca 7
TEL. (1) 375-5284
www.ruszwurm.hu
10:00〜19:00（冬季18:00）、無休
英語メニュー○

| MAP ▶ P.12 B-2 |

　マーチャーシュ教会の向かいにのびる小道を、ちょっと歩いたところにある小さな菓子店。店は絶えず入りきらないほどの人でにぎわっています。この場所に最初に店を構えたのは1827年のことで、店内を現在の内装に改装したのは2代目オーナー。19世紀前半の時代を反映したシンプルで機能美を備えたビーダーマイヤー様式の棚などは、今でもそのまま使われています。いちばん人気のケーキはクレーメシュ（Krémes）1150Ft。クリームをパイ生地ではさんだ四角いケーキで、店に古くから伝わる伝統のレシピでつくられています。ショーケースにはほかにもハンガリーらしいトルタ（ケーキ）や焼き菓子なども並んでいます。

21世紀のハンガリー料理
21 | フソンエジ

　ハンガリー伝統料理の店が何軒もあるブダ王宮の丘で、伝統料理にプラスアルファの工夫を凝らした料理が楽しめます。ハンガリーに来たら一度は味わいたいチキンパプリカ（Csirkepaprikás vajas galuskával）は、じっくりと煮込まれたチキンがやわらかくてジューシー！付け合わせの自家製パスタ、ガルシュカにはバターが加えられていて、よりなめらかな食感に。パプリカソースとの相性も◎。伝統的なメニューでも、ひと昔前のもののように重いひと皿にならないことを意識しているという点もうれしいポイント。店のある通りはマーチャーシュ教会からすぐなのですが、意外に人通りも多くなく、テラス席でもゆっくり食事ができます。

1. パプリカソースの色が食欲をそそるチキンパプリカ6880Ft。2. シンプルでスタイリッシュな店内。3. 厳選されたハンガリーワインも一緒にどうぞ。

Fortuna utca 21／TEL.(1)202-2113
21restaurant.hu
12:00〜23:45、無休
英語メニュー◎
| MAP ▶ P.12 A-2 |

Buda

バラの丘に中世の名残を見る

　16世紀初頭、バルカン半島にその勢力を拡大していたオスマン帝国は、1526年、ハンガリー南部の町モハーチでの戦いでハンガリー軍に勝利を収め、1541年にはブダを制圧。ハンガリー王国の領土は、西部をのぞいてオスマン帝国の支配下におかれました。以来150年間、大トルコ戦争で敗戦を喫しハプスブルグ家へとその領土が割譲されるまで、オスマン帝国による統治が続きました。

　ブダにはオスマン帝国時代の面影を感じる場所が、今でもいくつか残っています。とくにその文化を色濃く残している場所といえば、ドーム型の天井と八角形の浴槽があるトルコ式の浴場でしょう。地下に源泉を持つドナウ川流域に点在していて、現在でもルダシュ温泉（P.120）、キラーイ温泉（2024年12月現在改装中）、ヴェリ・ベイ温泉（MAP▶P.16 B-1）は多くの人の憩いと癒しの場になっています。

　マルギット橋のたもとからほど近い丘の中腹には、グル・ババの霊廟があります。イスラム神秘主義教団ベクタシュのダルヴィーシュ（僧）であり詩人でもあったグル・ババは、スレイマン1世の率いるオスマン帝国軍に従軍していましたが、ブダ王宮を攻め落とした直後に亡くなり、この場所に霊廟が建てられました。トルコ語でグルはバラ、ババは父を意味します。オスマン帝国の時代にトルコ人が住んだ地区でもあるこの丘の周辺は、今でもバラの丘と呼ばれています。庭園の中央に霊廟があり、花壇にはバラが植えられ、展望台からは緑豊かな街並みが見渡せます。階下にはミュージアムも併設されています。

　グル・ババの霊廟までは徒歩で。マルギット通り（Margit utca）からメチェト通り（Mecset utca）に曲がると、庭園を囲む煉瓦づくりの建物に続く階段があるのでゆっくり上ってみましょう。建物から北にのびる小さな階段はタイムスリップしたかのような情緒ある石畳の坂道、グル・ババ通り（Gül Baba utca）につながっています。

1. 石畳の坂道、グル・ババ通り。2. マルギット通りからトラムが往来するマルギット橋をながめる。

3. グル・ババの霊廟の入り口に立つグル・ババの彫刻。奥には展望台がある。4. 天井がドーム型になっている八角形の建物が霊廟。5. グル・ババとオスマン帝国に関する展示物が並ぶ博物館。

Gül Baba Türbéje
| グル・ババの霊廟

Mecset utca 14（入り口はTürbe tér 1）
10:00〜18:00、月曜休
無料

| MAP ▶ P.16 B-1 |

丘のふもとの小さなカフェ
Törökméz | テレクメーズ

マルギット通りのゆるやかな坂を上りきった曲がり角にあるカフェ。店の半分は地面より低い位置にあって、まさに隠れ家のよう。朝食とブランチの店で、平日はスープとメインディッシュが選べるランチセットが人気。気軽に入れる雰囲気で、地元の人もふらっと立ち寄ってコーヒーを飲んでいきます。

1. 自家製のデザートメニューも評判が高い。2. 居心地がいいので長居する人も。奥にはテラス席もある。

Margit utca 27
TEL.(06)70-309-9031
www.facebook.com/torokmezbuda/
8:00〜16:00、無休
英語メニュー

| MAP ▶ P.16 B-1 |

Buda

2

1. 丘の上からの絶景。王宮、鎖橋、国会議事堂などを一度に見渡すことができる。2. 青空が広がる日はドナウ川も青く見える。3. ヤシの葉をかかげた自由の像。ここを起点に、丘のふもとまで続く遊歩道がいくつもある。

ゲッレールトの丘から眺望を楽しむ

　ブダ王宮のある丘の南、ドナウ川のほとりに標高235mのゲッレールトの丘があります。頂上にはツィタデッラ（城塞）があり、ブダペストの街を一望することができます。最寄りのバス停からツィタデッラに上ると最初に見えてくるのは王宮と鎖橋、その奥には国会議事堂とマルギット橋、さらにマルギット島も見えます。

　城塞の先端には、1947年、ソビエト軍がハンガリーをナチスドイツの占領から解放したことを記念して立てられた自由の像があります。像の周辺からはエルジェーベト橋がよく見渡せ、自由の像の正面から丘を下って行くと、自由橋を美しく見下ろせる場所があります。丘には遊歩道がいくつかあるので、ドナウ川と橋をながめながら、ゆっくりと歩いてみてください。

※2024年12月現在、ツィタデッラとその周辺は改修中のため立ち入り不可。ツィタデッラへと続く遊歩道は途中まで通行可能なので、眺望を楽しめるポイントも。工事は2026年までに完了予定

メトロM4線またはトラム18番、19番、41番、47番、49番でMóricz Zsigmond körtér駅へ。そこからバス27番でBúsuló Juhász（Citadella）下車
| MAP ▶ P.13 C-3 |

夜景を観るなら――

　まだ明るさが残る、日が暮れる少し前に行き、ブルーアワーにライトが点灯するところを見て下りるのがベスト。ツィタデッラからバス停までは街灯があり、暗くなっても問題なく歩けます。夜にも観光バスが団体客を乗せてくるため、通常ツィタデッラ内は危険ではありませんが、もちろん深夜に行く場所ではありません。また、夜は真っ暗になってしまうので、徒歩で丘を上り下りすることはおすすめしません。

ドナウ川にかかる美しき橋

街の真ん中をドナウ川が流れるブダペスト。
鉄道橋や中洲の島に渡るものも含めると、橋の数は10を超えます。
そのなかでも市中心でブダとペストを結ぶ4つの橋は、
街歩きをしていると何度も目にすることになるでしょう。
徒歩で渡ったり、トラムに乗ったり、河岸からながめたり、
いろいろな角度からロマンティックな景色を探してみてください。

自由橋
| Szabadság híd

　ゲッレールトの丘のふもとにあるセント・ゲッレールト広場と、中央市場のあるフェーヴァーム広場をつなぐ緑色の鉄橋。主塔からのびる4本の柱にとまっているのはハンガリーの伝説の鳥、トゥルルです。橋の中央をトラムが走り、ブダとペストを結んでいます。

| MAP ▶ P.13 C-3 |

エルジェーベト橋
| Erzsébet híd

オーストリア＝ハンガリー帝国の皇帝フランツ・ヨーゼフ1世の妻、シシィの愛称で親しまれた皇后エリザベート（ハンガリー読みではエルジェーベト）の名を冠した橋。第二次世界大戦で破壊されましたが、この橋だけは元の橋を復元せず、新しく再建されました。　| MAP▶P.13 C-3 |

マルギット橋
| Margit híd

マルギット橋は鎖橋に次いで、ブダペストのドナウ川に2番目にかけられました。この橋は中央部分に緩やかな角度がついていて、そこからマルギット島に渡る橋がのびています。トラムも走っていて、橋の中央にある停留所からマルギット島に行くことができます。

| MAP▶P.16 B-1、B-2 |

1

マルギット島へ行ってみよう

| MAP▶P.16 A-2、B-2 |

2

ドナウ川に浮かぶマルギット島は、全長約2.5km、幅500mほどの細長い島です。木々が生い茂る島内には屋外スイミングプール、温泉ホテル、野外劇場などアトラクションも多くあり、楽しみ方もいろいろ。島の先端はそれぞれマルギット橋とアールパード橋に接続していて、バス26番が西駅（Nyugati pályaudvar）とメトロM3線アールパード橋（Árpád híd）駅間を運行しています。ペダルカートや電動カートをレンタルしてまわるのも人気です。

1.島内には無料で入場できるミニ動物園もある。2.デッキチェアが並ぶ歩道と手入れの行き届いた花壇。

35

鎖橋
| Széchenyi Lánchíd

ブダ王宮の丘のふもとからペストにかかる鎖橋（セーチェニ鎖橋）。1849年に完成し、ブダペストでドナウ川に最初にかかった橋です。近年改修工事が行われ、2023年に再開通し、橋は磨き上げられ輝きを増しました。日が暮れて王宮とともにライトアップされる光景は、ため息が出るほどの美しさ。丘の上から、ふもとから、ペスト側からと、どこから見ても絵になる橋なのです。ライトアップは日没後、まだ空に青みの残る頃にはじまります。夜景の写真を撮るなら、ぜひこのブルーアワーに。

| MAP ▶ P.13 B-3 |

ドナウ川クルーズへ

　ドナウ川沿いの風景を楽しむには、クルーズ船に乗るのも一案。とくに春から秋にかけては昼、夜ともに多くの船が出航します。日が暮れてライトアップされた橋の下をくぐりぬけるたびに新しい光景が広がり、船のデッキから乗客の歓声が聞こえてくることも。ドラマティックな船旅を楽しめます。本格的なディナーを楽しめる夜のクルーズなどもあります。レゲンダなど観光船を運航する各社はエルジェーベト橋に近い船着場の利用が多く、入り口でチケットを販売している会社もあります。

船着場にはそれぞれ数字がついていて、レゲンダの船着場は7番。

Legenda｜レゲンダ
legenda.hu
｜MAP ▶ P.13　C-3（船着場）

Pest
ペスト
5区(V)

ペストの発展はここから
ハンガリー政治、経済の中心

Belváros - Lipótváros
ベルヴァーロシュ － リポートヴァーロシュ

　ドナウ川沿いに広がる5区の中心はデアーク・フェレンツ広場。地下にメトロ3路線が交差する駅があり、地上にはトラムの始発駅がある交通の要です。デアーク・フェレンツ広場から南、小環状通りの内側は、インナーシティを意味するベルヴァーロシュと呼ばれます。一方、デアーク・フェレンツ広場から北にあるマルギット橋のそばまでの一帯はリポートヴァーロシュといい、18世紀、神聖ローマ皇帝でありハンガリー王だったハプスブルグ家のレオポルト2世（ハンガリー語でリポート）の名にちなみます。

　デアーク・フェレンツ広場の横に広がるエルジェーベト広場は、人通りの多い街中でオアシスのような空間。緑地には噴水があり、観覧車がまわっています。さらに南西に向かって少し歩くと、中央に彫像があるヴェレシュマルティ広場に出ます。ミレニアムメトロの駅があるこの広場は、ショップやレストランが並ぶヴァーチ通りの起点。1858年創業の老舗カフェ、ジェルボーもあり世界中からの訪問者が優雅なひとときを過ごしています。

リポートヴァーロシュは重厚な建物が立ち並び、省庁などの行政機関や銀行が集まる政治と経済の中心地。見どころである聖イシュトヴァーン大聖堂と国会議事堂はともに高さ96mと、ブダペストにある歴史的建造物ではでいちばんの高さを誇ります。巨大な建物の間に、木々の茂った並木通りや広場があり、ハンガリーの心臓部でありながら、どこかのんびりとした空気の漂う地区です。

| MAP ▶ P.13 A-3、B-3、C-3 |

1.パリのパッサージュを模して20世紀初頭に建てられたパーリジ・ウドヴァル。現在はホテルに。2.ドナウ川に映える国会議事堂。3.骨董品店が並ぶファルク・ミクシャ通り（Falk Miksa utca）。4.カフェ・ジェルボーのテラス。

Pest-5区

壮大なスケールでそびえ立つ
Szent István Bazilika
聖イシュトヴァーン大聖堂

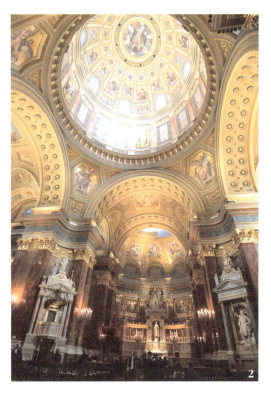

初代ハンガリー王イシュトヴァーン1世の名を冠した大聖堂。建設がはじまったのは1851年ですが、途中でドームが倒壊。再建までに長い年月が費やされ、1905年に完成しました。祭壇中央に聖イシュトヴァーンの像が立ち、祭壇に向かって右側にある聖母マリアの絵画の前では聖イシュトヴァーンの「聖なる右手」が公開されています。大聖堂の上階には宝物の展示があり、エレベーターと階段でドーム屋根に上ると、ブダペストの街を360度見渡すことができます。毎週月曜は夕方5時からパイプオルガンによるオルガンコンサートが開催され、通常のチケット（入場は1回限り）で鑑賞できるので、時間があえばぜひ足を運んでみてください。

1.チケット売り場は、大聖堂に向かって右側の通りの建物内にある。2.ドーム屋根の内側は美しい天井画で飾られている。3.ガラスケースに保管されている「聖なる右手」。

Szent István tér 1／TEL.(1) 311-0839／www.bazilika.biz
9:00（日曜13:00）〜17:45、無休（ただしミサの時間は入場不可、結婚式が執り行われている場合など入場制限あり）、宝物館と展望台9:00〜19:00
入場料：大聖堂2400Ft、宝物館と展望台4500Ft、大聖堂と宝物館と展望台共通6200Ft

| MAP ▶ P.13 B-3、P.14 B-1

ドナウ川に映える華麗な建築
Országház | 国会議事堂

1.赤い絨毯の敷かれた中央階段には天井画や彫刻などが飾られていて、まるで宮殿のよう。2.王冠が展示されているドーム・ホールのきらびやかな天井と壁。3.ガイドツアーの起点となるビジターセンターは、建物に向かって右手の地下にある。

Kossuth tér 1-3
TEL.(1) 441-4415
www.parlament.hu/en/web/visitors
ガイドツアー催行4〜10月8:00〜18:00、1〜3・11・12月 8:00〜16:00（15〜30分おきに催行）
入場料：ガイドツアー13000Ft ※ガイドツアーは祝日によって休みもしくは時間短縮あり。また国会の開催状況、国賓を迎えるなどの行事関係でツアーが催行されない時間帯もある

| MAP ▶ P.13 A-3 |

　聖イシュトヴァーン大聖堂と並び、ブダペストが発展した19世紀末を代表する壮麗な建築物。17年の年月をかけて1902年に完成しました。4千万個の煉瓦で構築され、40kgの金が装飾に使用されています。ハンガリー王国時代に代々の王が受け継いできた王冠が、中央にあるドーム・ホールに保管されています。柱に彫刻が施されたロビーや赤い絨毯の敷かれた階段など、その豪華な館内はガイドツアーに参加して見学できます。所要約45分で、日本語のオーディオセットの貸し出しも。このガイドツアーはとても人気が高くチケットが売り切れていることが多いので、事前にオンラインで手配したほうがいいでしょう。

Pest-5区

ドナウ川沿いを走るトラムに乗って

始発となるヤーサイ・マリ広場の停留所。環状通りのそばなので人通りが多い。

Indulás!
出発！

広場を過ぎてまもなく左折、ドナウ川沿いを走りはじめる。対岸の高台にはマーチャーシュ教会がそびえる。

広場の北側にあるコシュート・ラヨシュのモニュメント。

壮麗な旧最高裁判所の建物。2024年12月現在、大規模な改装工事が進められている。

　ブダペストの町中を行き交う黄色い車両のトラム。環状通りや橋の上を走り抜け、交通の要となる路線も多く、ブダペスト市民の日々の生活を支えています。マルギット橋のそばにあるヤーサイ・マリ広場を起点にするトラム2番、2B番、23番は、国会議事堂を過ぎたところでドナウ川沿いに出て、王宮やゲッレールトの丘を向こう岸に望みながら走るながめのいい路線。日中は頻繁に運行していて、それぞれの停留所からアクセスしやすい見どころも多く、散策にも便利なルートです。

　まずはヤーサイ・マリ広場の停留所（MAP▶P.13 A-3）から乗車、ドナウ川と平行してのびるバラッシ・バーリント通り（Balassi Bálint utca）を走ると、まもなく国会議事堂が見えてきます。国会議事堂のガイドツアーに参加するには地下のビジターセンターへ。線路脇にある大きな白い彫刻の中心に立つのは、1848年オーストリアからの独立を指揮したコシュート・ラヨシュです。国会議事堂の向かいにあるひときわ大きな建物は、19世紀末に最高裁判所として建設されました。柱が印象的な石づくりの正面玄関上部には馬車に乗る女性の彫像がシンボリックに飾られています。

　トラムは国会議事堂前のコシュート・ラヨシ

ヴィガドーの前には
噴水を備えた美しい
庭園が広がる。

鎖橋とエルジェーベト橋の間には、川岸に船着場が点在していて船が停泊している。

新緑や紅葉、雪景色と季節によって彩りが変わるゲッレールトの丘。

Tovább……
先へ……

メトロM4線の駅があるフェーヴァーム広場には中央市場が。トラムの停留所は地下にある。

ュ広場沿いを走り、メトロM2線の駅の出入り口前を過ぎるといよいよドナウ川沿いへ。対岸にはマーチャーシュ教会が見え、鎖橋と王宮が続きます。鎖橋が接岸している部分では一旦地下を走り、地上に出ると王宮が目の前に。ヴィガドー広場の停留所にはコンサートホール「ヴィガドー」があり、その裏にはヴァーチ通りの起点となるヴェレシュマルティ広場があります。

王宮の見える風景を楽しみながらエルジェーベト橋の下をくぐり、ゲッレールトの丘を対岸に望みながら地下に入ってフェーヴァーム広場に到着。ここからは中央市場や、自由橋を渡るとゲッレールト温泉のあるセント・ゲッレールト広場へとアクセスできます。トラムはさらにドナウ川沿いを走り、ペスト北部へのターミナルとなるボラーロシュ広場へ。エチェリ市場 (P.111) に行くバスの停留所もあります。ここから2B番、23番は左折をしてそれぞれの行き先へと向かいます。2番はドナウ川沿いに立つ国立劇場とコンサートホールのある芸術宮殿 (Müpa) のあるミレニウム文化センター (Millenniumi Kulturális Központ) 停留所を通り、ラーコーチ橋の下をくぐったところで終点となります。

Pest-5区

ていねいな手仕事でつくられた工芸品
Folkart Kézműveshàz
| フォークアート・ケーズムーヴェシュハーズ

ヴァーチ通りからちょっと横道に入った場所にある伝統工芸品の店。ハンガリー刺繍を代表するマチョー刺繍やカロチャ刺繍はもちろん、ハンガリー北東部ヘヴェシ地方の織物や、南部ホードメゼーヴァーシャールヘイのウール刺繍、繊細な手仕事によるレースや愛らしいフェルト細工など、ハンガリーの各地方に伝わる民芸品を豊富に取りそろえています。一つひとつの商品にそれぞれつくり手がいることを感じられる品ばかりで、店員も各地方や民芸品の由来などにくわしいので、知りたいことがあったら聞いてみて。小物入れやフリッジマグネットなど、おみやげにもちょうどいいサイズの民芸品も多数あります。

1.花柄が絵付けされた陶器。右はパプリカパウダー入れ。2.ハンガリーの手工芸品のあたたかさが伝わってくる店内。

3.刺繍の入ったブラウスは子どもから大人のサイズまでそろう。

Règi posta utca12
TEL: (1) 318-5143
folkartkezmuveshaz.hu
10:00〜18:00 (土曜15:00)、日曜休
| MAP ▶ P.13 C-3、P.14 C-1 |

44

美しい紙製品に出会える
Bomo Art | ボモ・アート

小さな店内の壁いっぱいにカラフルなラッピングペーパーやポストカードが並び、ステーショナリー好きにはたまらない店。繊細なイラストと洗練されたデザインは、すべてボモ・アートのオリジナルです。アート作品のようなノートブックは、持ち歩くだけで幸せな気分に。カフェで旅日記を書くのにもいいかも。

1. ノートブックやアルバムの表紙のもとになるラッピングペーパー。毎年新しいデザインも制作される。 2. ディスプレイも美しく、一つひとつ手にとってゆっくり選びたい。

Régi posta utca 14
TEL. (06) 20-594-2223
www.bomoart.hu
10:00〜18:30 (土曜18:00)、日曜休
| MAP ▶ P.13 C-3、P.14 C-1 |

華やかな商店街、ヴァーチ通り

19世紀から20世紀初頭にかけてブティックやホテルなどがオープンし、ブダペストいちにぎわう商店街となったヴァーチ通り（Váci utca）。現在でもさまざまな店が並んでいて、世界中から観光客が訪れます。通りには19世紀末の様式美を今に伝える古い建物が残り、それらをながめながら散歩するのも楽しいもの。ヴェレシュマルティ広場から続くヴァーチ通りはドナウ川と平行してのびていて、サバド・シャイトー通り（Szabad sajtó út）をはさんで中央市場の向かいまで続いています。

1. アール・ヌーヴォー独特の装飾が見事な建築が並ぶ。 2. 水色の縞模様が入った外観デザインは築100年を超えた今でも素敵。

| MAP ▶ P.13 B-3〜C-3 |

Pest-5区

ハンガリーを代表する磁器
Herend | ヘレンド

1.蝶と花が描かれた「ヴィクトリア」の皿。購入したものは国際宅急便で日本までの配送も手配が可能。2.華やかな図案が立体的に表現された「Fleuraison」シリーズの新作。3.地下にもショールームがある。

　ブダペストから南西に約120km、なだらかな丘が連なる緑豊かなバコニィ地方の小さな町ヘレンドで創業した磁器メーカー。優雅なフォルムに花や蝶など色彩豊かな図柄が施された磁器は、19世紀にウィーン、ロンドン、パリなどヨーロッパ各地で開かれた展示会で高い評価を得て、宮廷御用達の名窯に成長しました。英国女王に認められその名を冠した「ヴィクトリア」、一輪のバラの花が可憐な姿で描かれる「ウィーンのバラ」など、当時つくり出されたシリーズは今も同じ図案で生産されています。シリーズごとにショーケースに並べられている店内は、小さな博物館のよう。

József Nádor tér 10-11
TEL.(06) 20-241-5736
herend.com
10:00～18:00〔土曜14:00〕、日曜休
| MAP ▶ P.13 B-3 |
(MAP ▶ P.14 B-2 にも店舗あり)

愛らしい絵柄の食器
Zsolnay | ジョルナイ

ハンガリー南部の町ペーチに工房があるジョルナイ。ハンガリーでは19世紀末に建てられた建築物の多くが、ジョルナイのタイルを屋根や装飾に使用しています。食器も生産していて人気が高く、春、夏、秋、矢車草、蝶、フェニックスなどのシリーズがあり、ディナーセットからコーヒーカップまで幅広くそろいます。

József Nádor tér 10/a
TEL.(06) 30-517-3016
www.zsolnay.hu
10:00〜19:00(土曜16:00)、日曜休
| MAP ▶ P.13 B-3 |

1.オリエンタルな図柄と色合いのペルシア・コレクション。
2.自然光が差し込む明るい店内。

個性が光るふたつの噴水

1.ヘレンドの噴水は「ツリー・オブ・ライフ(生命の樹)」がモチーフ。2.ジョルナイは19世紀末の保養地、ヘラクレス温泉(現ルーマニア)に設置された噴水を再現。

ヘレンドとジョルナイは、ヨージェフ・ナードル広場に面した大きな建物の1階部分に店舗を構えています。ヨージェフ・ナードル広場は地下駐車場建設のため数年間にわたり大規模な工事があり、その際に広場も一新されました。2019年に完成した広場はふたつの区画に分けられていて、それぞれの中心部分にヘレンド、そしてジョルナイの工房が制作した噴水が設置されています。

民芸品と骨董品の宝庫
Anna Antikvitás | アンナ・アンティクヴィターシュ

入り口は小さいのですが、店は奥へと続いていて意外に広く品ぞろえが豊富な骨董品店。とくにハンガリー伝統工芸品の織物や刺繍、レースなど布製品のコレクションは素晴らしく、各地方から集められた特色のあるテーブルクロスやカーテン、枕カバーやクッションカバーなどが積み上げられています。

Falk Miksa utca 18-20
TEL.(1) 302-5461
annaantikvitas.com
10:00～18:00（土曜13:00～）、日曜休
| MAP ▸ P.13　A-3 |

1. 布好きの人にとっては宝の山に感じるかも！ 2. ヨーロッパらしい優雅な陶磁器の数々。ハンガリーだけでなくドイツや英国製などのものもある。

シンプルで機能的な雑貨
Pauza | パウザ

こぢんまりとした店内に、店主のエヴァさんとゾルターンさんが厳選した雑貨が並んでいます。世界を旅していろいろなものに出会ったふたりが、いつかこんな店を持ちたいという夢を叶えた空間です。ハンガリー発のアウトドア・バックパックのブランドYkra（イクラ）の取扱店でもあります。

1. ハンガリーではここでしか手に入らないヨーロッパ雑貨も多い。2. カラフルなYkraのバッグは耐久性もすぐれている。ポーチなどの小物もなにかと便利に使えそう。

Vitkovics Mihály utca 7
TEL.(06) 30-353-2270
pauza.hu
11:00～19:00、
土曜10:00～16:00、月日曜休
| MAP ▸ P.13　C-3, P.14　C-1 |

見た目もおいしいチョコレート
Rózsavölgyi Csokoládé
ロージャヴェルジィ・チョコラーデー

郊外にある工房で、産地直送のカカオ豆からていねいに手づくりしているチョコレート専門店。カカオ豆の仕入れ、焙煎、粉砕などすべての工程を1か所で行いチョコレートに仕上げるビーントゥバー（Bean to Bar）スタイル。この製造方法は、ひとつの産地に限定した豆のみを使用した「シングル・オリジン」と呼ばれるチョコレートをつくることができるのも特徴です。板チョコには刺繍などに見られるハンガリーの伝統的な文様のレリーフが入っていてパッケージも素敵。スパイスやハーブをアクセントにしたユニークなフレーバーも多く、ハンガリーらしいほのかな辛味のあるパプリカや果物の蒸留酒パーリンカ入りなどはギフトにもぴったり。店は20世紀初頭に建てられたパーリジ・ウドヴァルの1階にあります。

1.マンダリンオイル入りのミルクチョコ（手前左）、ハーブとレモンオイル入りの抹茶チョコ（手前右）各3500Ft。2.カラフルなイラストが楽しいパッケージ。3.店の入り口。4.トリュフはひとつから購入可。

Petőfi Sándor utca 2-4/
Párisi Udvar Hotel
TEL.(06)30-814-8929
www.rozsavolgyi.com
10:30～13:00、13:30～18:30、
土曜12:00～18:00、日曜休

| MAP ▶ P.13 C-3 |

Pest-5区

扉の奥に広がるとっておきの中庭へ

通りに面して隙間なく立ち並ぶ築100年を超える集合住宅。
重厚なファサードを通り抜けた先には、空の見える吹き抜けの中庭が。
地上階にショップなどが営業している建物は自由に行き来できるので、
ブダペストらしい中庭を訪ね歩いてみませんか。

— 中庭 I —
静寂に美を感じるワグネル・ハーズ

エルジェーベト橋に向かってのびるコシュート・ラヨシュ通り（Kossuth Lajos utca）に立つワグネル・ハーズ（ハウス）。建築家ワグネル・ヤーノシュと同じく建築家だった息子たちが自分たちの住居として、また投資目的で1890年に建てた大型の集合住宅で、柱とアーチで囲まれた中庭はまるで宮殿のような美しさです。

1.中庭の中心にある階段が2階の回廊へと誘う。2.幅が広くゆったりとした回廊は、床のタイルも素敵。3.中庭に足を踏み入れると、交通量の多い通りの音が聞こえなくなる。

回廊を歩いてアートな部屋を訪ねる
Paloma Artspace
| パロマ・アートスペース

1

中庭を囲むように四方にめぐらされたワグネル・ハーズの回廊には、各部屋への玄関があります。パロマ・アートスペースでは、この建物の1階と2階にある12部屋を利用して、ハンガリーで活動するデザイナーやアーティストの作品を展示、販売しています。ひとつの部屋をひとりの作家が工房、展示場として使用していたり、複数のアーティストでシェアしたデザインショップになっていたり、部屋の活用方法もさまざま。現在約90人のアーティストが参加していて、服やアクセサリー、デザイン雑貨など、ここにしかない個性豊かな作品に出会えます。

Kossuth Lajos utca 14-16
www.palomaartspace.hu
11:00~19:00（土曜15:00）、日曜休
※営業時間は店舗によって多少異なる
| MAP ▶ P.13 C-4 |

4

1.2階にあるBlue Art Budapestはアクセサリーが豊富。2.4.革製品ブランドCoque'etteのアネットさんの工房兼ショップ。ポーチほかすべてハンドメイド。3.Part Studioは1階で約20人の作家による商品を販売。

51

Pest-5区

― 中庭 II ―
便利な抜け道が憩いの場に

ちょっと見逃してしまいそうな薄暗い入り口を通り抜けると、目の前に石畳の中庭があらわれます。レシェル・ウドヴァル (Röser udvar) という名のこの中庭は、裏の通りにつながっているパッサージでもあります。カフェやショップも営業していて、思わず立ち止まりたくなる空間です。

1. トラムの走る小環状通り沿い、デアーク・フェレンツ広場（Deák Ferenc tér）駅とアストリア（Astoria）駅の中間あたり。スーパーマーケットの隣に入り口がある。2. 地元の人にとってはふたつの通りをつなぐ近道。3. ロドデンドロンの中庭に面した入り口。

最新アートとデザインに出会える
Rododendron Art & Design Shop
ロドデンドロン・アート&デザイン・ショップ

1.ハンガリー人デザイナーの服やアクセサリーも。
2.ポスターが並ぶ店内はアートギャラリーのよう。
3.カラフルなポーチは手洗いOK。

Semmelweis utca 19
TEL.(06)70-419-5329
rododendronart.com
11:00〜19:00(土曜17:00)、日曜11:00〜15:00、無休
| MAP ▶ P.13 B-3、P.14 C-2 |

モダンでスタイリッシュなデザイン雑貨や服飾品、ブダペストの独特な生活風景を切り取ったイラスト、ヴィンテージのポスターなど、部屋に飾りたくなるアート作品の数々を豊富に取りそろえています。バラトン湖畔、ティハニ半島特産のラベンダーを使用したコスメブランドや、ハンガリー産の蜂蜜やハーブティー、チョコレートなどの食品、ブダペストをモチーフにしたバッグやポストカードなど、おみやげになりそうなものも多数。ハンガリー人デザイナーに限らず、国際的に活躍する作家の作品もおいています。店の入り口はセンメルワイス通りと建物の中庭の2か所あります。

Pest-5区

── 中庭III ──
おだやかな時間が流れる空間

中庭に入ると、通りの喧騒はほとんど伝わってこない。ケーキやペストリーなどのデザート、サンドウィッチなどの軽食メニューもある。

　1850年建造の集合住宅の中庭。豆や自家焙煎にこだわったコーヒーがおいしいカフェ、フェケテのテラス席があります。バリスタの淹れたコーヒーをゆっくりと味わう、なんともブダペストらしい光景がそこに。

Fekete | フェケテ
Múzeum körút 5
TEL.(06) 30-117-8807
feketekv.hu
8:00〜19:00、無休
| MAP ▶ P.13 C-4 |

── 中庭IV ──
170年越えの建物を通り抜ける

　オペラ座の設計で知られる建築家イブル・ミクローシュが1852年に建てた集合住宅。ムーゼウム環状通りと平行してのびる小道マジャル通り（Magyar utca）をつなぐパッサージになっています。繊細な装飾を残す建物で、ファサードのアーチに施されたドラゴンが印象的。

Tako | タコ
Múzeum körút 7
Instagram @tako_workshop
12:00(火曜17:00)〜21:00、月日曜休
| MAP ▶ P.13 C-4 |

アーチが美しい窓に囲まれた中庭は必見。
1階ではタコスの店、タコが営業中。

進化したマカロンとスイーツ
Chez Dodo | シェ・ドド

　菓子職人のサライ・ドーラ（愛称ドド）さんが開いた人気のマカロン店。色とりどりのマカロンは常時10種類以上のフレーバーが用意されていますが、どの味に出会えるのかはその日次第。今までにつくられたフレーバーは、店員でも覚えてないほどの数があるそう。ハンガリーのトルタやデザート味のマカロンがある日も。かわいらしいマカロンのそばにある一際存在感のあるデザートは「ジャンボマカロン」。四季折々に新作フレーバーが出るシェ・ドドのオリジナルスイーツです。ほかにもマドレーヌやカヌレ、そして小さな四角いケーキのミニョンもさまざまな色と味にコーティングされて、ショーケースを彩っています。

1.壁紙がキュートな店内。
2.ジャンボマカロン。2024年秋のフレーバーはブルーベリーとピーナッツバター。3.いろんな味がそろうミニョン。

Sas utca 7
TEL. (06) 70-341-3845
www.chezdodo.hu
10:00〜20:00（日曜19:00）、無休
英語メニュー ◯
| MAP ▶ P.14 B-1 |

Pest-5区

種類豊富なケーキに目移り
Szamos Gourmet Ház | サモシュ・グルメ・ハーズ

1935年創業、ブダペストに10店舗以上展開している人気の菓子店サモシュ・マジパンが経営するカフェ。ヴェレシュマルティ広場にも面しているこの重厚な建物は、20世紀初頭に建てられた元銀行。高い天井にシャンデリア、大理石の壁や白黒のフロアが、当時のコーヒーハウスの雰囲気を醸し出しています。

Deák Ferenc utca 5
TEL.(06)30-570-5973／www.szamos.hu
10:00～20:00、無休
英語メニュー○
| MAP ▶ P.13 B-3 |

1.ハンガリー発祥のトルタ(ケーキ)であるエステルハージ(Eszterházy)と、ドボシュ(Dobos)など3種類のケーキが味わえるセット3250Ft. 2.クラッシックな店内。入り口はショップを兼ねていて買いものだけでもOK。

1870年から続く老舗のケーキ店
Auguszt Cukrászda | アウグスト・ツクラースダ

クラシックなハンガリーらしいトルタから今風の軽やかなムースなど幅広くそろい、正統派のおいしさを味わえます。定番はバターたっぷりのパイ生地を使用したクレーメシュ(Krémes)1090Ft、そしてこの店のケーキ職人だったアウグスト・エレメールの80才の誕生日を祝ってつくられたE80トルタ(E80 torta)1490Ft。

Kossuth Lajos utca 14-16
TEL.(1)337-6379／auguszt.hu
9:00～19:00、土曜11:00～18:00、日曜休
英語メニュー○
| MAP ▶ P.13 C-3 |

1.ワグネル・ハーズ(P.50)の1階、通りに面して店がある。2.チョコクリームとコーヒークリームが重なるリッチなE80トルタ。

光り輝くクリスマスの季節

　12月、長い夜がキラキラと輝くシーズンの到来。ヴァーチ通りやアンドラーシ通りには電飾が灯り、ショップやレストランにはデコレーションが飾られ、街は一気にホリデームードに。クリスマスマーケットは聖イシュトヴァーン大聖堂前の広場（MAP▶P.14 B-1）とヴェレシュマルティ広場（MAP▶P.13 B-3）で11月中旬から開催されます。木のおもちゃや毛糸の帽子、フェルト細工や織物といった伝統工芸品など手づくり感にあふれ、心あたたまる商品をそろえた出店が並びます。氷点下近くなることもある寒い季節なので、身体が冷えてしまったら、スパイスのきいたホットワインでひと休み。アルコールフリーのあたたかな飲みものも。

　ハンガリーのクリスマスは家族でゆっくりと過ごす大切な祝日。クリスマスイヴの24日、午前中は営業している店も午後にはすべて閉店し、市内交通機関の通常運行は午後4時頃終了、深夜運行に。ブダペストは一年でいちばん静かな日を迎えます。

1.ライトアップされた聖イシュトヴァーン大聖堂の前に出店がずらり。 2.愛らしい表情を浮かべる陶器の天使たち。髪型や持っているものが少しずつ違う。 3.藁ととうもろこしの皮でつくられた飾り。クリスマスツリーに飾るオーナメントを並べた民芸品店も多い。 4.モクモクと白い湯気を上げるホットワイン。あたりに甘い香りが漂う。

ドラッグストアで手に入る
ハンガリアンコスメ

ブダペストに来たからには、
ハンガリー生まれのローカルなコスメも気になりませんか？
ハンガリアンコスメにもいろいろなブランドがありますが、
ここでは街中にあるドラッグストアで
気軽に入手できる商品をピックアップ。

Yamuna
ヤムナ

南部にある町、カポシュヴァールで生まれたナチュラルコスメのブランド。ハンガリーではハーブをはじめとする植物など自然の恵みによる薬効の利用は昔から生活に根づいています。種類豊富な石鹸は香りも使い心地もやさしく、値段も手頃なのでおみやげにもちょうどいいかもしれません。
www.yamuna.hu

グレープシードオイルのマッサージオイル1600Ft。甘い香りが人気。(Müller)

オレンジとシナモンの香りのバスボム（入浴剤）899Ft。(Rossmann)

製造の過程で加熱をしないコールドプロセス製法でつくられた石鹸各799Ft。左からバニラ、プルメリアとジャスミン、ラベンダーの香り。(Rossmann)

Q10とビタミンEを豊富に含んだフェイススクラブ2999Ft。ピーナッツ大のスクラブを顔に塗り（目のまわりは避ける）、1～2分やさしくマッサージして洗い流す。(DM)

PomPom
ポムポム

ナチュラルコスメのブランド。ヨーロッパが管理供給する原材料と研究の成果をもとにつくられた、肌にやさしく有効成分を豊富に含んだスキンケア製品がそろっています。乾燥用アルコール、シリコン、パラベン、石油由来の成分、パーム油、SLSを使用せず、動物によるテストも行われていません。
www.pom-pom.hu

フェイスミスト&トニック3199Ft。ナイアシンアミドとヒアルロン酸が肌を落ち着かせ潤いを保つ。ローズウォーター配合でやさしくフレッシュな香り。(DM)

ネロリ・フローラルウォーターのフェイスジェル3699Ft。ヒアルロン酸とペンタヴィチン配合で肌に潤いと弾力をもたらす。(DM)

Helia-D
ヘリア・デー

70年代、ブダペストの南にある町シゲトハロムに住むマルギットおばさんがつくるひまわりの茎の成分を配合したクリームが肌にいいと評判に。それを元に80年代に製薬会社と大学が共同開発を行い、モイスチャークリームが誕生しました。現在ではさまざまなスキンケア商品を手がける老舗ブランドです。

www.helia-d.hu

「クラシック」ラインのモイスチャークリーム、ノーマル肌用2095Ft。ほかに乾燥肌用や超乾燥肌用、敏感肌もある。顔だけでなく首やデコルテにも。ちなみに「ヘリア・デー」は、ひまわりのラテン名と、開発に携わったデブレツェン大学の頭文字から名づけられた。(Müller)

トカイワインから抽出した成分を配合した「ボタニカル・コンセプト」のハンドクリーム1499Ft。(Rossmann)

尿素とカレンデュラ（キンセンカ）オイル配合のハンドクリーム、超乾燥肌用1199Ft。(Rossmann)

肌をリフレッシュさせるフェイスミスト1999Ft。ヒアルロン酸とグリセリン配合で保湿効果があり、メイクの上からでも使える。(Rossmann)

DROGÉRIA
ブダペストのドラッグストア事情

ドラッグストア、ハンガリー語ではドロゲーリア(Drogéria)と呼ばれる店では、基本的に薬は扱っていません。石鹸やシャンプー、洗剤などの日用雑貨、スキンケア、化粧品、香水、ベビー用品、サニタリー用品、サプリメントや健康食品などがあり、手頃な価格の自社ブランド製品やBIO（オーガニック）商品も並んでいるので、旅の途中でなにか必要になった時などに便利です。

DM ｜ デーエム
www.dm.hu
｜ MAP ▶ P.14 A-2、C-1 ほか ｜

Rossmann ｜ ロスマン
www.rossmann.hu
｜ MAP ▶ P.14 A-2、C-1 ほか ｜

Müller ｜ ミュッレル
www.mueller.co.hu
｜ MAP ▶ P.13 C-3 、P.15 C-3 ほか ｜

Pest
ペスト
6区(VI)

19世紀末の都市計画で誕生
アンドラーシ通りとその周辺

Terézváros | テレーズヴァーロシュ

18世紀のハプスブルグ家の君主で、ハンガリー女王としても40年間在位したマリア・テレジアの名を冠した6区、テレーズヴァーロシュ。1876年に開通したアンドラーシ通りは緑が美しい並木道で、秋に葉が落ちると通りの木々にはクリスマスの電飾が施されます。オペラ座周辺には高級ブランドの店が軒を連ねていて、テレーズ環状通りとの交差点オクトゴンを過ぎ市民公園の入り口にある英雄広場に近づくと、ホテルやレストランに改装された古い邸宅や大使館が並んでいます。

オクトゴンからすぐ、リスト・フェレンツ音楽アカデミーのあるリスト・フェレンツ広場は、春から秋にかけてカフェやレストランのテラス席が広場の半分を埋め尽くします。オペラ座の横道、ハイヨーシュ通り（Hajós utca）は小さな歩行者専用通り。オペラ座の関係者用入り口があり、舞台準備でいそがしく人が出入りしています。ハイヨーシュ通りもカフェやレストランが多く、テラス席でのんびりとくつろぐ人の姿がある素敵な小道です。

ハイヨーシュ通りと平行するナジメゼー通り（Nagymező utca）には劇場が集まっています。アンドラーシ通りをはさんでキラーイ通り（Király utca）までのびる通りで飲食店も多く便利。キラーイ通りは古くからある商店街で、アンドラーシ通りがつくられるまではこのあたりでもっとも栄えていた通りでした。今でもショップ、レストラン、バーなどさまざまな店があり、多くの人が行き交います。

| MAP ▶ P.13 A-4、P.14-15 A-1〜3、P.14 B-1〜2 |

1.リスト・フェレンツ広場に立つリスト・フェレンツ音楽アカデミーの入り口。2.ナジメゼー通りの劇場前にある詩人ラドノーティ・ミクローシュの彫像。ヴァルガ・イムレの作品。3.大きな街路樹が並ぶアンドラーシ通り。歩道も広々としている。4.ブダペスト西駅。ガラス張りの正面玄関から自然光がたっぷり入り明るい構内。

Pest-6区

19世紀の時代を感じさせる美しい駅
Nyugati Pályaudvar
西駅（ニュガティ・パーイアウドヴァル）

1. 4番、6番のトラムが行き交うせわしい通り沿いに立つ優雅な駅舎。地下にはメトロの駅もある。 2. 世紀末建築らしい植物をモチーフにした装飾のファサード。 3. 世界でいちばん美しいマクドナルドといわれることも。

　アンドラーシ通りからマルギット橋に向けてのびるテレーズ環状通りにブダペストに3つある国鉄始発駅のひとつ、西駅があります。駅舎が完成したのは1877年。パリのエッフェル塔を建設したことで知られているエッフェル社によって建てられました。近年改修工事があり、外観は磨き上げられたような美しさ。正面玄関は鉄枠で組まれていて全面ガラス張りで、その両脇に煉瓦の駅舎がシンメトリーに配置されています。駅舎の一部には天井の高いホールをそのまま利用し、落ち着いたインテリアのマクドナルドがあります。地下にはメトロ3号線の駅があり、駅の裏手にはショッピングセンターのウエストエンド・シティ・センターが隣接しています。

Teréz körút 55 ｜ MAP ▶ P.13 A-4

世界遺産のミレニアムメトロ

ロンドン地下鉄、イスタンブールの地下ケーブルカーに続いて世界で3番目に開通したのがブダペストの地下鉄、現在のメトロ1号線です。1896年、ハンガリー建国千年を記念した博覧会の会場となった市民公園とギゼラ広場（現在のヴェレシュマルティ広場）をつなぐために、アンドラーシ通りの地下に建設されました。正式な名称は「ミレニアム地下鉄（Millenniumi Földalatti Vasút）」といい、オペラ座や市民公園の入り口となる英雄広場、セーチェニ温泉などの駅があり、観光にも便利な路線です。1973年に延伸し、現在では計11駅、全行程4.4km。2002年にアンドラーシ通りがユネスコの世界遺産に追加された時、通りの下を走っているこのミレニアムメトロも含まれたため、世界でもめずらしい世界遺産の地下鉄でもあります。

デアーク・フェレンツ広場（Deák Ferenc tér）駅にあるブダペスト交通センターのインフォメーションには小さな地下鉄博物館が併設されていて、実際に運行していた歴代の車両が3台展示されています。

1.入り口には、ミレニアムメトロだけに共通する黄色い看板が立っている。2.階段を下りるとすぐそこにホームがあり、3両編成のかわいらしい黄色い車両が運行している。3.駅構内の壁と駅名はジョルナイのタイルで飾られ、木のベンチや切符売り場がありクラシックな雰囲気。

Földalatti Vasúti Múzeum
| 地下鉄博物館

www.bkv.hu/hu/content/foldalatti_vasuti_muzeum_budapest
10:00〜17:00、月曜休
料金：900Ft
| MAP ▶ P.14 C-1 |

Pest-6区

クラシック音楽を楽しむ

リスト、バルトーク、コダーイと、19世紀から20世紀にかけて
偉大な音楽家を生み出したハンガリー。
ブダペストにはオペラ座をはじめいくつものコンサートホールがあり、
クラシック音楽を身近に楽しむ機会にあふれています。

歴史を感じる豪華絢爛な歌劇場
Magyar Állami Operaház
ハンガリー国立オペラ座

アンドラーシ通りに立つオペラ座は、オーストリア＝ハンガリー帝国時代に建設されたネオ・ルネッサンス様式の美しい建物です。初公演は1884年、フランツ・ヨーゼフ1世とシシィの愛称で知られる皇妃エリザベートも王室専用のロイヤルボックスから観劇しました。シシィがひとりでオペラ座を訪れる時は、ロイヤルボックスではなく舞台横の席に。舞台により近いことを好んだとも、自身の美しい姿が観客から見える場所を選んだともいわれています。

1.館内の見学はガイドツアーで。観劇では入場できない王室専用階段やシシィのボックス席などもルートに入っていて、最後にミニコンサートがある。2.華やかな天井画とシャンデリア。3.彫刻などの装飾が見事な正面玄関。

Andrássy út 22／TEL. (06) 30-781-2630（ガイドツアー）／www.opera.hu
10:00～19:00、無休（チケット売り場）
ガイドツアー（英語）13:00～、15:00～、16:30～（各1時間、ミニコンサート鑑賞含む）
料金：ガイドツアー9000Ft
※リハーサルと重なる場合は見学できる範囲が限られる場合あり

| MAP ▶ P.14 A-2 |

アール・ヌーヴォーが結集した音楽堂
Liszt Ferenc Academy of Music
リスト・フェレンツ音楽アカデミー

1907年に完成したリスト・フェレンツ音楽アカデミーの校舎は、リストの彫像がファサードの中心に掲げられた壮麗な建物。10年ほど前に大規模な改修工事を終え、建てられた当時の輝きを取り戻しました。音楽院にはアール・ヌーヴォー様式の美しいコンサートホールが併設されています。改修工事ではコンサートホールを飾るオーナメントや、それらの色彩をそのまま忠実に再現、100年前と同じ空間をつくり出すことに細心の注意が払われました。その美しいホールはガイドツアーで見学できます。ツアーの最後には在籍する教授や生徒によるミニコンサートも。

1.細部まで見入ってしまう繊細な装飾が施されたコンサートホール。2.入り口脇のチケット売り場までは自由に入館でき、建物の1階部分を少しだけ見られる。3.遠くを静かに見つめるリストの彫像。

Liszt Ferenc tér 8／TEL.(1) 321-0690（チケット売り場）
concert.lisztacademy.hu/guided-tours
14:00〜18:00、土日曜・公演のない日休（チケット売り場）
料金：ガイドツアー5300Ft
※ガイドツアー催行日は上記のサイトで確認を
| MAP ▶ P.15 A-3 |

Pest-6区

リストが暮らした時代に思いを馳せる
Liszt Ferenc Emlékmúzeum
リスト・フェレンツ記念博物館

「ピアノの魔術師」の異名を持ち、作曲家としても活躍したリスト・フェレンツ。晩年は祖国として愛したハンガリーに音楽学校を設立することに尽力しました。アンドラーシ通りとヴェレシュマルティ通りが交差する一角に、旧音楽院の建物があります。1881年から亡くなる1886年までリストが使用した部屋が記念博物館として公開されていて、リストのピアノや作曲用の机などを見ることができます。

1.リストの手の模型。ピアニストになるべくして生まれたかのような大きな手。2.アイドル的存在だったリストのリサイタルでは、失神するファンもいたのだとか。3.コンサートホールでは毎週土曜、午前11時からコンサートが開かれる。

Vörösmarty utca 35
TEL. (1) 322-9804/116
lisztmuseum.hu
10:00〜18:00、土曜9:00〜17:00、日曜休
料金:3000Ft、土曜のコンサート4000Ft、博物館+コンサートのコンビチケット5600Ft
| MAP ▶ P.13 A-4 |

=== チケットの買い方、服装について ===

オペラ座、リスト・フェレンツ音楽アカデミーとも入り口を入ってすぐの場所にチケット売り場があり、前売り券、そして残席があれば当日券も販売しています。事前に見たい演目がわかっている場合は、オンラインでも購入が可能なのでそれぞれのサイトをチェックしてください。

服装に細かな決まりはありませんが、とくにオペラ座では正装して観劇する人が多く、ジーンズにスニーカーでは少々居心地が悪いかも。男性はジャケット、女性はスーツやワンピースなどを用意しておくと安心。リスト・フェレンツ記念博物館の土曜のコンサートは室内楽が中心で、午前中ということもあり当日入り口でチケットが買え気軽な服装で楽しめます。

ハンガリー写真芸術の発信地
Mai Manó Ház | マイ・マノー・ハーズ

オーストリア＝ハンガリー帝国時代に宮廷写真家だったマイ・マノーのスタジオ兼住居として、1894年に建てられました。現在はフォトギャラリー「マジャル・フォトグラーフショク・ハーザ」として国際的に活躍するフォトグラファーからハンガリーの若手写真家の作品まで、さまざまな展覧会を開催しています。

1. ネオ・ルネッサンス様式の豪華なファサード。1階にあるカフェは朝8時から毎日営業。
2. フォトギャラリーの名前は「ハンガリー写真家の家」を意味する。

Magyar Fotográfusok Háza
マジャル・フォトグラーフショク・ハーザ

Nagymező utca 20／TEL. (06) 30-167-4034
www.maimano.hu
12:00〜19:00、月曜・祝日休
料金：3600Ft

| MAP ▶ P.14 A-2 |

報道写真家の足跡を辿る
Robert Capa Kortárs Fotográfiai Központ
| ロバート・キャパ現代写真センター

20世紀を代表するフォトジャーナリスト、ロバート・キャパは1913年ブダペストに生まれました。2013年に開館したロバート・キャパ現代写真センターでは、2023年に世界で初となるロバート・キャパの常設展をオープンし、138点の写真を展示しています。また国内外の写真家の企画展も開催されています。

Nagymező utca 8／TEL. (1) 413-1310
capacenter.hu
13:00（土日曜10:00）〜18:00、月曜休
料金：4000Ft

| MAP ▶ P.14 B-2 |

1. ロバート・キャパは写真家集団「マグナム・フォト」創始者のひとり。世界各地で撮影された写真が並ぶ。 2. 美しい世紀末建築。1階にカフェもある。

Pest-6区

アートとファッションの融合
Nubu | ヌブ

1. 個性的でありながら普段から着られそうなアイテムが並ぶ。2. よく見ると表面にNUBUのロゴが型押しされているバッグ。3. 洋服だけでなく、靴、バッグ、アンダーウェアもそろえている。

2007年に誕生したファッションブランド。ミニマルでコンテンポラリーなデザインを追求した、ハンガリーのファッションシーンを牽引するブランドのひとつです。アンドラーシ通りにあるショップに足を踏み入れると、洗練されたモノクロームの世界が広がっています。レディースが中心ですが、1階奥にはメンズアイテムをそろえた部屋も。独自のカットで仕上げられた洋服はフォルムの新しさだけでなく、着心地や機能性も考えられています。毎シーズン、ハンガリーの現代美術家の作品にインスパイヤされたコレクションを発表していて、ローカルなアートシーンを盛り立てる存在でもあります。

Andrássy út 15
TEL. (06) 70-607-4903
nubustudio.com
11:00～19:00（土曜20:00）、日曜11:00～18:00、無休
| MAP ▶ P.14 B-1 |

現代女性のワードローブを彩る

Aeron | エアロン

アンドラーシ通りに直営店を構え、ハンガリーだけでなく国外でも注目を集めるファッションブランドです。デザイナーのアーロン・エステル（Áron Eszter）は、祖父は仕立て屋、母親はテキスタイルのトレーダーとファッションが身近にある環境で育ちました。2012年に誕生したAeronのブランド名は、彼女の名字に名前の頭文字を組み合わせたもの。革新的なデザインと美しいシルエットの融合、伝統的な仕立てと最先端の技術の組み合わせ、斬新ながらも親しみのあるコレクションがそろいます。店内にはやわらかな色彩の服が並んでいて、手にとってみるとその上質な素材に心を奪われるはず。

1.細部までこだわりのあるデザインで、ていねいにつくられている。2.2024年秋冬のコレクション。3.時代を超えても美しいデザインと持久力のある素材で、サステイナブルなファッションを目指している。

Andrássy út 34
TEL. (06)70-361-4886
aeron.com
11:00〜19:00、
日曜12:00〜17:00、無休
| MAP ▶ P.14 A-2 |

Pest-6区

ハンガリーワインを選ぶなら

Bortársaság | ボルタールシャシャーグ

1. ワイナリーごとに分けられて棚に並ぶハンガリーワイン。
2. 白ワインやロゼワインは冷蔵庫で冷やされているボトルもあるので、持ち帰ってすぐに味わいたい人は聞いてみて。

　ハンガリー全国に20店舗以上、オンラインショップも展開するワインショップ。地方色豊かなさまざまなワイン生産地から、信頼のできるワイナリーのワインを取りそろえています。ほかにもスパークリングワインや、フランスやイタリアなどの外国産のワイン、ハンガリー産のパーリンカや外国産のウィスキーなどの蒸留酒も各種扱っています。アンドラーシ通りの店はこぢんまりしていますが、手頃な価格のものから高級ワインまで幅広くそろっています。場所柄、ハンガリーワインを求める外国人も多く、店員のワイン知識も確かなので、好みの味や合わせたい料理、そして予算を伝えれば、おすすめのワインを選んでくれるでしょう。

Andrassy út 41. TEL．(1) 599-9490
www.bortarsasag.hu
11:00～20:00（土曜19:00）、日曜休
| MAP ▶ P.14 A-2 |

昔ながらのコーヒーハウス
Művész Kávéház | ムーヴェース・カーヴェーハーズ

　アンドラーシ通りをはさんでオペラ座の斜め向かいにある老舗カフェ。創業は1898年で、シャンデリアが灯る奥の部屋は昼間でも少し薄暗く、高い天井とネオバロック調のインテリアに当時の面影を感じます。エステルハージ・トルタ(Eszterházy torta)やドボシュ・トルタ(Dobos torta)などクラシックな自家製ケーキをはじめ、種類豊富なデザートは入り口そばにあるふたつのショーケースに並んでいるので、実際に見て選べます。交通量の多いアンドラーシ通りですが歩道が広いので、春から秋にかけてはテラス席もゆったりしていて人気。街ゆく人をながめながらのコーヒータイムは、素敵な時間になるはず。

1.ショーケースは電動式で、おいしそうなケーキがまわっている。2.ムーヴェースとはアーティストのこと。オペラ座そばなので各界著名人も立ち寄る。3.カウンターにはクロワッサンや焼き菓子が。

Andrássy út 29
TEL.(1) 343-3544
www.muveszkavehaz.com
9:00〜20:00、無休
英語メニュー

| MAP ▶ P.14 A-2 |

71

Pest-6区

朝食メニューが充実
Cafe Brunch Budapest
| カフェ・ブランチ・ブダペスト

アパートメントなどレストランのない宿泊施設に滞在する旅行客が増えるにつれて、朝食を提供するカフェが増えてきました。こちらもそのひとつで市内に5店舗あり、いつでも朝食メニューをオーダーできます。午前11時半からはスープやサラダなどのランチメニューも加わります。

Hajós utca 26/b.／TEL.(1)604-5647
www.cafebrunchbudapest.com
8:00～16:00、無休
英語メニュー◎

| MAP ▶ P.14 A-1 |
〔MAP ▶ P.14 A-1、B-1 などにも店舗あり〕

1. オペラ店は歩行者専用通りのハヨーシュ通り沿いにある。
2. ナスのクリームがのったトースト（Padlizsánkrémes pirítós）4150Ft（左）、ホウレン草と山羊のチーズのオムレツ（Omlett spenóttal és kecskesajttal）3750Ft（右）。

厳選されたハンガリーワインを
Kadarka Borbár | カダルカ・ワインバー

Király utca 42.／TEL.(1)266-5094
kadarkabar.hu
16:00～24:00、無休
英語メニュー◎

| MAP ▶ P.14 B-2 |

1. ワイン選びに迷ったら店員に相談を。2. 店名「カダルカ」はハンガリー原産ブドウの品種名。キラーイ通り沿いのテラス席は満席になることが多い。

ハンガリーはヨーロッパでも有数のワイン産地。どのレストランにもワインは必ずありますが、ワインバーで味わうのも一案。カダルカは有名ワイナリーのワインはあえておかずに、店主が自ら国内をめぐり探し出したワインを提供しています。ショップも兼ねているので、お気に入りに出会ったら購入もできます。

レトロでモダンなハンガリー料理店
Menza | メンザ

1

1.鴨の胸肉のグリル、マッシュルームリゾット添え（Grillen sütött kacsamell gombás rizottóval）5990Ft。2.鶏胸肉のロースト、焼き加減がちょうどよく美味。3.ランチタイムはすぐにいっぱいに。

2

Liszt Ferenc tér 2／TEL.(06) 30-145-4242
www.menzaetterem.hu
11:00〜23:00、無休
英語メニュー ○
| MAP ▶ P.14 A-2 |

レストランが集まるリスト・フェレンツ広場には、春から秋にかけてどのレストランにもテラス席目当てに多くの人が集まりますが、冬でも店内が満席になるほど人気があるレストラン。メンザとは学食という意味で、ひと昔前によく見かけた文字をはめ込んだメニュー表や懐かしい色合いのテーブルクロスなどが、モダンなインテリアのアクセントに。メニューは伝統的なハンガリー料理が中心で、さらにパスタやハンバーガー、ヴィーガンメニューなども。日替わりランチのセットメニューや週替わりのおすすめメニューもあります。ランチタイムは少し時間をずらせば座れますが、ディナータイムは予約をおすすめします。

今、市民公園がおもしろい！

　市民公園の歴史は古く、18世紀中頃に植樹がはじまり、19世紀にかけて徐々に公園として整備されていきます。1866年に動物園が開園、そして1896年にはハンガリー建国千年を記念した博覧会の会場になり、ミレニアムメトロが運行を開始しました。英雄広場の裏手、池のほとりに立つヴァイダフニャド城は、博覧会のために建てられた城があまりに人気だったので、博覧会後に再建されたものです（現在は農業博物館）。1913年にはセーチェニ温泉がオープンし、市民公園は世紀を超えて今に至るまで、市民の憩いの場であり続けています。

　2013年に再開発のプロジェクトがスタートし、これまでに民族博物館、ハンガリー音楽の家が新しく建設されました。再開発は2028年まで予定されていて、現在ブダ王宮にあるハンガリー国立ギャラリーも、これから建設される新しい博物館に移転が計画されています。緑あふれる公園を散策しながら、新しいカルチャースポットを訪ねてみましょう。

1. ローズガーデンに設置されたジョルナイの噴水。 2. 気球に乗り地上150mの上空へ。balloonfly.hu 3. 水辺はくつろぎのスポット。池は冬の間、アイススケートリンクになる。

Városliget | 市民公園

ligetbudapest.hu/en
（再開発プロジェクトのサイト）
| MAP ▶ P.11 B-4 |

グリーンルーフを歩いて上る
Néprajzi Múzeum | 民族博物館

1872年に設立された博物館で、国内外の民族文化に関する膨大なコレクションを保有しています。2022年に新築の建物に移転し再オープン、常設展では地方に伝わる伝統工芸品や家具、民族衣装などが展示されています。建物のフォルムもユニークで、緩やかな曲線の屋根には植物が植えられています。

1. 季節で表情を変えるグリーンルーフ。建物の端、いちばん高いところまで行きたい時は、屋根の両サイドにある階段を上ろう。2. 民芸調の文様が組み込まれたメタリックな外観。

Dózsa György út 35／TEL.(06) 1-474-2100
www.neprajz.hu／10:00〜20:00、月曜休
料金:1700Ft〜（展示によって料金が異なる）
MAP▶P.11 B-4

自然と共鳴する建築
Magyar Zene Háza
| ハンガリー音楽の家

コンサートホールや展示室、図書館などを設けた音楽をテーマにした複合施設です。有機的なフォルムの建築は、日本の建築家、藤本壮介氏が手がけたもの。天井の曲線で描かれた吹き抜けからは自然光が差し込み、巨大なガラス張りの外壁には木々の緑が映り込んでいます。

Olof Palme sétány 3／TEL (06) 70-799-9449
zenehaza.hu
チケット売り場10:00〜18:00、常設展10:00〜18:00（金曜20:00）、月曜・毎月第1火曜休
料金:常設展4500Ft
MAP▶P.11 B-4

1. 植えられた木が、天井の穴を突き抜けて育っている。2. 館内もユニークな構造。3. 屋外ステージでは入場無料のコンサートが企画されることも。

Pest ペスト 7区(VII)

重厚な建物が並ぶ古い住宅街が
ブダペストの今を感じる地区に

Erzsébetváros | エルジェーベトヴァーロシュ

ヨーロッパ最大のドハーニ通りシナゴーグ（ユダヤ教の会堂）の裏手から、市民公園の手前まで広がる7区。区名はエルジェーベトヴァーロシュといい、フランツ・ヨーゼフ1世の皇后エリザベート（ハンガリー語ではエルジェーベト）から名づけられています。

7区のなかでもカーロイ環状通り（Károly körút）とエルジェーベト環状通りの間は戦前ユダヤ人が多く住んでいた地区で、戦時中はゲットー（ユダヤ人が強制的に住まわされた居住区）がつくられました。現在でも数軒のシナゴーグ、ユダヤ教の学校があります。ところどころに残る石畳の路地、そこに立ち並ぶ石づくりの重厚な集合住宅……。この古い住宅街は、ブダペストで近年もっとも変化を感じる地区のひとつです。廃墟となった集合住宅にバーがオープンし、その周辺に新しいレストランやパブが次々とできて、それまでブダペストにはなかった繁華街的な雰囲気の通りが生まれました。

旧ゲットーの中心にあるクラウザール広場は遊具やドッグランが設置され、地元の人が集うのんびりとした雰囲気の公園。広場に面して市場（P.146）もあります。店が並ぶキラーイ通り（Király utca）は人通りが多く、キラーイ通りと平行に走るドブ通り（Dob utca）は一車線の細い通りですが、気軽に利用できるレストランやカフェが営業しています。エルジェーベト環状通りを越えると店やレストランの数は減り、古い集合住宅の並ぶ静かな住宅地が広がります。

| MAP ▶ P.14 B-2、C-2、P.15 |

1.1階部分に歩道がつくられている建物。映画のセットのよう。2.カフェが並ぶマダーチ・イムレ通り（Madách Imre út）。3.ドハーニ通りシナゴーグのホロコースト記念碑。4.ラーコーツィ通りに立つモダンな印象の集合住宅。1930年代の建築。

Pest-7区

街を彩るストリートアート

2010年代、古い集合住宅の壁をキャンバスに、突如カラフルなミューラル（壁画）が描かれはじめました。以来、7区の街角にはかわいらしいものからシュールなものまで、数々のミューラルが登場しています。

右は70年代に活躍したハンガリーのロックバンドLocomotiv GTのアルバムジャケット。アルバム発売50周年となる2023年製作。左は「シティ・フォレスト」をテーマに2021年製作。環境にやさしい塗料を使用。

Dob utca 38（写真右）
Dob utca 35（写真左）
| MAP ▶ P.14 B-2 |
ミューラル Ⓐ（写真右）、Ⓑ（写真左）

2015年製作当時、向かい側に青果店があり、その店先を描いたもの。

Dob utca 48
| MAP ▶ P.15 B-3 |
ミューラル Ⓒ

ケーレヴェシュ・ケルト（P.83）の入り口にあるポップな壁画。

Kazinczy utca 35
| MAP ▶ P.14 B-2 |
ミューラル Ⓓ

7区の名称でもあるエルジェーベト（エリザベート）皇妃の肖像画。

Rumbach Sebestyén utca 10
| MAP ▶ P.14 C-2 | ミューラル Ⓔ

壁画が描かれた建物の地下では、1923年創業の老舗テーラーが営業している。昔、このあたりには多くのテーラーがアトリエを構えていた。
Akácfa utca 41
| MAP ▶ P.15 B-3 |
ミューラル F

学校の校庭に向かって立つ建物の壁に描かれた壁画、2022年製作。
Szövetség utca 15
| MAP ▶ P.15 B-4 |
ミューラル G

第二次世界大戦中に多くのユダヤ人を救ったスペインの外交官Ángel Sanz Brizの肖像画。
Dob utca 4
| MAP ▶ P.14 C-2 |
ミューラル H

駐車場にある壁画で、2018年製作。スペインのアーティストの作品。
Kertesz utca 27
| MAP ▶ P.15 B-3 |
ミューラル I

ブダペストの夏をカラフルに描いた壁画、2022年製作。
Akácfa utca 27
| MAP ▶ P.15 B-3 | ミューラル J

◎これらのミューラルのほとんどは市の許可を受けて描かれたもので、ストリートアーティストのグループのネオペイント(Neopaint)と、民間の非営利団体(NPO)のシーネシュ・ヴァーロシュ(Színes Város)の作品

79

Pest-7区

オリエンタルな雰囲気漂うユダヤ教会
Dohány utcai Zsinagóga
ドハーニ通りシナゴーグ

　ユダヤ教徒にとって祈りの場であり学びの場、集会所でもあるシナゴーグ。1895年に完成したこちらは、エルサレム、NYに次ぎ世界で3番目に大きいシナゴーグです。オリエンタルな雰囲気の建築で、玉ネギ型のドームを持つ2本の塔が印象的。ネオローグと呼ばれる会派のシナゴーグで、コーラスグループがあったためオルガンが設えられました。このオルガンはリスト・フェレンツやサン・サーンスが演奏したことでも知られています。上階には博物館があり、ハンガリーのユダヤ教徒の宗教と歴史に関する展示が。裏庭には柳の形の記念碑があり、葉にはホロコーストの犠牲者の名が刻まれています。

Dohány utca 2　TEL.(1) 413-5584
jewishtourhungary.com
10:00〜20:00 (金曜16:00)、11〜2月10:00〜16:00 (金曜14:00)、3・4・10月10:00〜18:00 (金曜16:00)、土曜・祝日・ユダヤ教の祭日休
料金：13000Ft
| MAP ▶ P.14 C-2 |

1.ヨーロッパ最大のシナゴーグ。細部まで繊細な装飾が施されている。コンサートが開かれることも。2.幾何学模様に組まれたレンガが美しい正面玄関。3.博物館に展示されているユダヤ教の聖典トーラー。

| 街の隙間に
| あらわれる

オトナの
遊び場 &
マーケット

はがれ落ちてきそうな外壁、粗大ゴミおき場から拾ってきたようなランプ、ちぐはぐのテーブルや椅子が並ぶ廃墟の中庭や空き地にオープンしたバー。オルタナティヴな雰囲気が人気のブダペストの旬なスポットへ。

廃墟バー、最初に目指す1軒はここ

Szimplakert
| シンプラケルト

2002年にオープンした廃墟バー。別の場所での営業を経て、2004年から現在の場所に。オープンから20年以上が経ち、今では廃墟バーの老舗のような存在です。世界中からの旅行者も訪れるので、週末の夜はものすごいにぎわいに。店内は混沌としていて退廃的な空気が漂っていますが、日曜にはファーマーズマーケットが開かれています。そのギャップもまたユニークなブダペストらしい場所です。

1.廃墟感たっぷりの外観。2.カラフルなライトが灯った中庭。店内は広くいくつもの部屋がある。3.廃墟バーは基本的にセルフサービス。バーカウンターでドリンクを買う。

Kazinczy utca 14／TEL.(1)352-4198
szimpla.hu
15:00(土曜12:00)〜翌4:00、
日曜9:00〜翌4:00、無休
英語メニュー ◎

| MAP ▶ P.14 C-2 |

Pest-7区

廃墟バーで健康的な朝を

Szimpla Háztáji Piac
シンプラ・ハーズターイ・ピアツ

　毎週日曜に開かれるファーマーズマーケット。入り口を入るとすぐにチーズショップ、ベーカリーなどの出店が並んでいます。ジャムや果物のシロップ、蜂蜜など、生産者から直接購入できるのも安心です。試食を用意している店も。その場で食べられるように小分けして販売している店もあるので、パンを買って朝食にしても◎。

2

3

4

1

1.入り口から中庭まで店が出る。バーも営業しているのでモーニングコーヒーをどうぞ。2.種類豊富な蜂蜜。3.季節の野菜と果物。4.おいしそうな手づくりのお菓子も並ぶ。

Kazinczy utca 14
www.facebook.com/szimplahaztajipiac
日曜9:00～15:00
| MAP ▶ P.14 C-2 |

82

期間限定で楽しむガーデンバー
Kőleves Kert | ケーレヴェシュ・ケルト

　カジンチィ通りのレストラン、ケーレヴェシュ（P.93）の隣にある空き地に、春から秋にかけてオープンするガーデンバー。カラフルにペイントされた椅子やテーブルが並んでいます。日中も営業しているので、コーヒーやレモネードでのんびりするのもおすすめ。

Kazinczy utca 41／TEL.(06) 20-213-5999
kolevesvendeglo.hu
5〜9月12:00〜22:00(木〜土曜23:00)、月曜・10〜4月休
英語メニュー ◎
| MAP ▶ P.14 B-2 |

住宅地にぽっかりと残る空き地は、オアシスのような空間。

建物に囲まれた夜空をながめる
Rácskert
| ラーツケルト

　クラウザール広場近くにあるガーデンバー。地面は打ちっぱなしのセメントで、そこにテーブルと椅子が無造作に並んでいます。屋外のバーカウンターは夏季限定ですが、店舗は通年営業。冬でもテラス席の一部はビニールカーテンで覆われオープンしています。

Dob utca 40／TEL.(06) 70-428-1517
www.facebook.com/racskert
15:30〜24:00(火水曜翌2:00)、木〜土曜15:30〜翌3:00、無休
英語メニュー ◎
| MAP ▶ P.14 B-2 |

1.モザイクの壁画とネオンサインが入り口の目印。2.入り口の脇に店舗があるので、店内のカウンターでドリンクを買う。

83

Pest-
7区

新しい店が並ぶにぎやかなパッサージ
Gozsdu Udvar
ゴジュドゥ・ウドヴァル

1

1.朝食メニューのある店には朝から人が集まる。2.ライトアップも素敵。冬になると、テラス席は透明な壁で囲われ暖房が入る。3.ドブ通りに面した入り口。

廃墟バーって？

2000年代初頭に、なんらかの理由で開発が止まっている古い集合住宅がリースされ、建物の中庭を利用したガーデンパブが出現しはじめました。中庭には屋根も暖房もないので必然的に春〜秋限定。次の年、契約が更新されなければ、別の廃墟に場所を移し営業を再開……そんなゲリラ的なガーデンバーが廃墟バーのはじまりです。現在では建物との契約が長期になり、中庭に屋根ができたり、建物内に暖房が入り通年営業している店が多くなりました。

キラーイ通りとドブ通りの間、1902年に建設された7棟の集合住宅を通り抜けながら6つの中庭をつなぐパッサージ。時々隠れ家のような廃墟バーがオープンしたりしていましたが、長い間修復されずに廃墟のまま取り残されていました。本格的なリノベーションが2008年に終わり、パッサージの両脇には、次々とカフェやレストランがオープン。今では7区でもっともにぎやかな通りのひとつです。

Király utca 13 / Dob utca 16 / www.gozsduudvar.hu
| MAP ▶ P.14 B-2、C-2 |

パッサージがマーケットに

Gozsdu Weekend Market

ゴジュドゥ・ウィークエンド・マーケット

ゴジュドゥ・ウドヴァルでは毎週金曜から月曜にかけて、アンティークやデザイン雑貨などが並ぶウィークエンドマーケットが開かれています。約200m続くパッサージ全体に出店が点在するので、散歩がさらに楽しくなるでしょう。12月はライトアップされ、クリスマスが近くなるとマーケットは毎日開催されます。

1.イラストのプリントを売る店。2.普通の店では見かけない品々に出会えるのがうれしい。おみやげ探しにも◎。3.手づくりの作品を売るアーティストも多く出店。4.クリスマスマーケットの日時と時間はサイトでチェックして。

Király utca 13 / Dob utca 16
www.weekendmarket.hu
月・金～日曜10:00～17:00

| MAP ▶ P.14 B-2、C-2

Pest-7区

カラフルで個性的なニットウェア

Eszka | エスカ

　幾何学模様が生み出す大胆なパターンや、動物や花など有機的なモチーフを取り込んだ柄をビビットな色で組み合わせたエスカのニット生地。デザイナーのサコシュ・クリスティナさんは子どもの頃、両親の経営するニッティング工房が遊び場でした。端切れで人形の服をつくり、デザインによって雰囲気が変わることを楽しんでいたそう。2004年にエスカを立ち上げ、自身がデザインしたニット生地を使ったコートジャケット、ワンピースやスカートなどを販売しています。大量生産できない限定品で、この店でしか手に入らないアイテムばかりです。

1.彩り豊かなコートはエスカを代表するアイテム。形違いのものも並んでいるので、チェックしてみて。 2.モノクロームでシックなワンピース。 3.バッグやブランケット、ポーチなどの小物も。あまった生地を無駄にしないのもエスカのコンセプト。

Nyar utca 10
TEL.(06)20-231-4181
eszka.hu
11:00〜18:00, 月・土日曜休
| MAP ▶ P.15 C-3 |

センスが光るヴィンテージ
Ludovika | ルドヴィカ

小さなかわいいヴィンテージを扱う店で、世界各国から厳選されたセンスの光るアイテムが2階のギャラリーまでびっしりと並んでいます。フェミニンなワンピースや靴、アクセサリーなどのほかに、刺繍が入った民族衣装のブラウスなども。普段のファッションに取り入れるといいアクセントになりそう。

1. ディスプレイに古い家具が使われているのもセンスを感じる。
2. ここにしかない一点もののヴィンテージばかり。吊り下げられている白いブラウスは民族衣装のヴィンテージもの。

Rumbach Sebestyén utca 15
Instagram @ludovika.vintage
12:00〜20:00〔土曜18:00〕、日曜休
| MAP ▶ P.14 C-2 |

レトロがクールなスニーカー
Tisza Cipő | ティサ・シューズ

ハンガリーが共産主義国だった時代、東部を流れるティサ川のほとりの町でつくられていた国産運動靴のティサ・シューズ。新しいスニーカーのブランドとして、2003年に生まれ変わりました。70年代に使われていたティサの「T」のロゴをトレードマークにたちまち人気のブランドに。

Károly körút 1
TEL.〔06〕20-539-9307
www.tiszacipo.hu
10:00〜19:00〔土曜16:00〕、日曜休
| MAP ▶ P.14 C-2 |

1. Tのロゴマークがサイドに入ったティサ・シューズ。今風なスニーカーなのにどこかレトロ、そしてスタイリッシュな色合いが人気の秘密。 2. スニーカーはメンズ、レディースともにサイズが豊富。

Pest-7区

ここにしかないアイテムがそろう
Printa | プリンタ

　プリンタという店名の通り、店の奥に印刷工房があるデザインショップ。工房でプリントされたポスターなどのアート作品、ポストカードやノートブックなどのステーショナリー、インテリア雑貨などオリジナル商品が豊富です。サステナブルにもこだわり、古着のメンズシャツやレザーコートを再利用し、品質や機能性も重視しながら旬なファッションアイテムを生み出しています。ブダペストの橋の名前をデザインしたグラフィックTシャツや、ハンガリーの海と称されるバラトン湖をモチーフにしたシリーズなど遊び心もいっぱい。バッグやポーチ、アクセサリーなどもそろっています。

1.工房で印刷されたポスター。アートを気軽にインテリアに取り入れてみて。2.木製のカウンターや棚がやさしい印象。3.クッションカバーなどのインテリア雑貨も。

Rumbach Sebestyén utca 10/a
TEL.(06)30-292-0329
printa.hu
10:00〜19:00、無休
| MAP ▶ P.14 C-2 |

蚤の市を凝縮したような店内
Szimpla Design Shop | シンプラ・デザイン・ショップ

人気の廃墟バー、シンプラケルト（P.81）の入り口にあるデザインショップ。なかに入ると歩く場所がないのでは……と思うほどたくさんのものがあり、ちょっとカオスな店内です。店主のベンさんが集めた古道具、ハンガリーのデザイナーの作品や雑貨、シンプラケルトのロゴが入ったオリジナル商品もあります。

Kazinczy utca 14
szimpladesign.com
14:00（土曜12:00）～19:00、
日曜10:00～15:00、月火曜休
| MAP ▶ P.14 C-2 |

1.古いものと新しいものが混在する店内。凝ったデザインのポストカードも◎。2.シンプラケルトのロゴが入ったビールジョッキ。

掘り出しものが見つかるかも
Antik Bazár
| アンティック・バザール

1998年からこの場所にあるアンティーク店で、家具のようなサイズのラジオや古いダイヤル式の電話、さらに共産圏時代の遺物レーニンの肖像画や彫像も。時計、カメラ、食器、おもちゃなどなどなんでもありで、2階までうっすらと埃の積もった古道具の数々であふれています。

1.民芸調の絵皿は飾り用。裏に糸を通せる穴が開いていて壁にかけられる。2.雑然としているように感じるけれど、実は細かなものまで見やすくディスプレイされている。

Klauzál utca 1／TEL.(06) 30-944-2929
www.facebook.com/antikbazar
14:0～18:00、土日曜休
| MAP ▶ P.15 C-3 |

Pest-7区

毎日でも通いたくなるベーカリー
Arán Bakery | アラーン・ベーカリー

1. 混み合っていても店員が手早く対応している。 2. サワードウのパンのおいしさを味わって。 3. ホウレン草とカッテージチーズのペストリー（手前）、アーモンドクロワッサン（奥）。

Wesselényi utca 23
TEL. (06) 70-703-7032 / aranbakery.hu
7:30〜19:00、土日曜8:00〜15:00、無休
英語メニューあり

MAP ▶ P.15 C-3

アイルランドでパンづくりの修行を積んだキンガさんとマネージメントを学んだアッティラさん夫妻がブダペストに戻り、2018年にオープンしたベーカリー。サワードウを使用した味わい深いパンの噂はあっという間に広がり、朝から行列ができるほどの人気店に。チーズクロワッサンやフルーツがのったペストリー、シナモンロールなど、いろいろなパンが並んでいます。お昼前にはすでに売り切れてしまうものも。昼時には焼きたてのフォカッチャやあたたかいクロックムッシュも販売されます。バナナブレッド、ブラウニー、チーズケーキなどのスイーツ、そしてコーヒーがおいしい店としても定評があります。

驚くほどサクサクのクロワッサン
Freyja | フレイヤ

　同じ7区でも大環状通りの外側に広がる地区は、パーティー地区といわれ人が集まる内側にくらべると少し落ち着いた雰囲気の住宅地です。そんな一角に、クロワッサンの専門店があります。北欧生まれの天然サワー種、店でブレンドした無添加の小麦粉、そしてフランス産のバターを使用した生地を、一つひとつ手作業でていねいに成形しています。材料はできるだけフリートレードで仕入れるこだわりも。店頭に並ぶクロワッサンや、クロワッサンの生地を使用したペストリーは、薄い層が何層も重なり合い軽くサクサクとした食感がたまりません。店内の居心地もいいので、ついつい立ち寄りたくなる店です。

1.ピスタチオのクリームが挟まった人気のピスタチオクロワッサン。緑の色もきれい。2.街路樹が美しい小道の角に立つ集合住宅の1階、自然と人が集まる雰囲気がある店先。3.大きな窓が気持ちいい店内。

Szovetseg utca 10-12
TEL. (06) 30-449-4630
Instagram @ freyja_thecroissantstory
8:00〜15:00、無休
英語メニュー

| MAP ▶ P.15 B-4 |

Pest-7区

隠れた美しい庭のあるカフェ
Massolit Books & Café
マッショリト・ブックス&カフェ

英語やドイツ語など外国語の本をそろえた書店に併設されたカフェ。ブダペストに住む外国人に人気の店で、本棚が並ぶ店内でおしゃべりしたり、くつろいだり、PCを持ち込んで仕事をする人や勉強する学生も多くいます。コーヒーや紅茶、ハーブティーなどがそろい、ホームメイドのケーキやクッキーも人気。この店が入っている建物の裏には、細くてごみごみした通りからは想像がつかない広さの緑地が広がっていて、数年前に整備され公園がつくられました。春から秋にかけてカフェの裏庭にもテーブルが出るので、フェンス越しに緑あふれる公園をながめながらティータイムを楽しめます。

1. コーヒーも評判のブックカフェ。注文ごとに豆を挽く音が店内に響く。2. ドリンクやケーキはカウンターで注文するセルフサービス方式。3. 街の喧騒を離れて裏庭でくつろぎの時間を。

Nagy Diófa utca 30
TEL:(1)788-5292
www.facebook.com/MassolitBudapest
9:30(日曜10:00)～19:00、無休
英語メニュー

| MAP ▶ P.14 B-2 |

こだわりのハンガリー伝統料理
Kőleves | ケーレヴェシュ

1.ガチョウのもも肉のコンフィ、玉ネギ入りのポテトと紫キャベツ添え6850 Ft. 2.ディナー時は混み合うこともあるので予約をしたほうが安心。3.マスのグリル。魚料理がメニューにあるのもうれしい。

「石のスープ」というヨーロッパに伝わる民話が店名になっているレストランです。伝統的なハンガリー料理が中心ですが、地中海風やアジアンテイストな料理も。自家製のパン、電子レンジは使わない、できるだけ地元の食材を使用するなど、こだわりを持って料理を提供しています。ベジタリアンやヴィーガンメニューもあり、食材のアレルギーに関する表示もメニューに記載されています。ユダヤ人街に位置することもあり、ユダヤ料理のマッツォ（イーストを使わないクラッカー状のパン）でつくった団子入りのコンソメスープもあります。春から夏にかけては建物の裏手にテラス席も設けられます。

Kazinczy utca 41
TEL.(06) 20-213-5999
www.facebook.com/Koleves
11:00〜24:00、無休
英語メニュー✓

| MAP ▶ P.14 B-2 |

Pest-7区

気軽に味わう本格ハンガリー料理
Gettó Gulyás | ゲットー・グヤーシュ

ハンガリー料理の代表格ともいえる、パプリカ味の煮込み料理「プルクルト」とそのプルクルトにサワークリームが加わりなめらかな風味の「パプリカーシュ」の専門店。牛肉や仔牛肉、鶏肉などはじっくりと煮込まれホロホロとやわらかい。普段レストランでは見かけることが少ない砂肝や鹿肉、そしてナマズやキノコなど肉以外の煮込み料理もそろっていて、さまざまな味が堪能できます。平日はスープ、メインディッシュ、デザートの日替わりランチメニューが手頃な価格で提供されていて人気なので、ランチタイムでも予約をしたほうが確実。煮込み料理以外のメニューも充実していて、食後のデザートも魅力的。

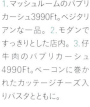

1.マッシュルームのパプリカーシュ3990Ft。ベジタリアンな一品。2.モダンですっきりとした店内。3.仔牛肉のパプリカーシュ4990Ft。ベーコンに巻かれたカッテージチーズ入りパスタとともに。

Wesselenyi utca 18
TEL．(06)20-376-4480
www.facebook.com/gettogulyas
12:00〜23:30、無休
英語メニュー◯

| MAP ▶ P.14 C-2 |

8区&13区の
おすすめ散歩道

ブダペストの日常がより近くに感じられるローカルなスポットを散策してみませんか。

Pest 8区(VIII)
国立博物館裏のエリアを歩く

7区の南、ラーコーツィ通りを渡ると8区に。古い集合住宅と新築アパートが混在していて、地下鉄4号線の開通や、ショッピングセンター「コルヴィン・プラザ」がオープンしたことで、人の流れも多くなりました。

トラム4番、6番に乗ってハルミンツケッテシェク広場で下車し、クルーディ通り(Krúdy utca)から散歩をスタート。石畳の道を歩きミクサート・カールマーン広場に出ると視界が一気に広がります。カフェとレストランが設けたテラス席がにぎやかな広場から、街路樹の並ぶ小道レヴィッツキー通り(Reviczky utca)へ。この通りとバロッシュ通り(Baross utca)が合流するサボー・エルヴィン広場に立つのは首都サボー・エルヴィン図書館です。建物は19世紀に建てられた宮殿で、館内には美しい図書室があり見学もできます。ムーゼウム環状通りに出て、右に少し歩くと国立博物館が見えてきます。博物館のまわりは庭園になっていて休憩にもおすすめです。

| MAP ▶ P.13 C-4 |

Fővárosi Szabó Ervin Könyvtár
| 首都サボー・エルヴィン図書館

Szabó Ervin tér 1
10:00〜20:00(土曜16:00)、
日曜休
料金:ツーリストチケット1900Ft

| MAP ▶ P.13 C-4 |

1. レストランの店先にテーブルが並ぶクルーディ通り。
2. サボー・エルヴィン広場に立つ図書館。噴水は1929年に設置。
3. 膨大なコレクションを有する国立博物館。

Magyar Nemzeti Múzeum
| ハンガリー国立博物館

Múzeum körút 14-16/TEL.06-30-811-4794
10:00〜18:00、月曜休/料金:3500Ft(常設展)

| MAP ▶ P.13 C-4 |

Pest 13区(XIII)
普段の生活を感じられる街角

　西駅からマルギット橋へのびるセント・イシュトヴァーン環状通り(Szent István körút)の北側、ドナウ川沿いに広がる13区。通りが碁盤の目状に交差し、バルコニーのある集合住宅が並びます。建物の1階にはショップやカフェがあり、店先で住民がおしゃべりをしていたりと何気ない暮らしの風景がそこにあります。

　トラム4番、6番のヤーサイ・マリ広場で下車して、まずはホラーン・エルネー通り(Hollán ernő utca)へ。セント・イシュトヴァーン環状通りから入ったすぐの一角は歩行者専用通りになっていて、カフェや菓子店、レストランのテラス席が設けられています。最初の角を左に曲がるとトロリーバスの停留所があり、そのまま少し進んで右に曲がると街路樹が美しいポジョニ通り(Pozsonyi út)に出ます。生花店や書店、ブティックに美容院が並び、レストランは通りにテラス席を設けていて、自家製レーテシュの店やチョコレート専門店もあります。ポジョニ通りは1kmほど続く通りで、先に進むとドナウ川沿いの通りに面した公園につながっています。並行してのびるほかの通りも、それらをつなぐ横道ものんびりとした街歩きに最適です。

| MAP ▶ P.16 B-2 |

3
4

1. 長居したくなるカフェのテラス。 2. ショーケースに並ぶパンはどれもおいしそう！ 3. ハンガリーのチョコレート「Stühmer」を扱う菓子店。 4. レーテシュの店のオーブンからは甘い香りが漂う。 5. 青果店の店先。 6. イラストが飾られたアートスタジオ。

5

6

ノスタルジックな料理店

Pozsonyi Kisvendéglő

| ポジョニ・キシュヴェンデーグレー

　ポジョニ通りにあるハンガリー料理のレストラン。テーブルには赤と白のチェックのクロスがかかっていて、典型的な食堂の雰囲気があります。メニューも豊富、伝統料理が各種そろっているので、代表的なハンガリー料理を味わいたい人は、ここに来れば出会えるはず。メイン料理はボリュームもたっぷりです。店内はテーブルごとに木製の衝立で仕切られてボックス席のようになっているのも昔懐かしく、昼時などは混み合うこともあります。

1

1. 豆の入ったグヤーシュ（Babgulyás）2500Ft。 2. パプリカの肉詰めは夏限定メニューで、冬はロールキャベツになる。 3. テラス席は満席になることも多い。

2

Radnóti Miklós utca 38
TEL.(1) 787-4877
9:00～24:00、無休
英語メニュー○
MAP ▶ P.16 B-2

Óbuda
オーブダ
3区(Ⅲ)

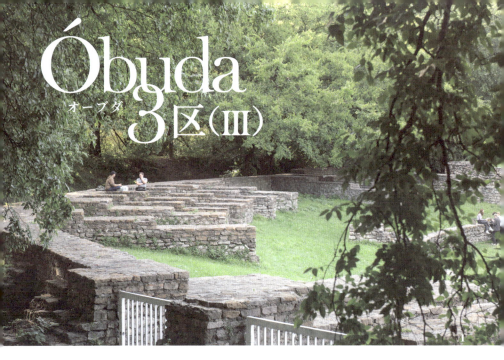

かつての古代ローマ都市
遺跡が点在する住宅地

1.2世紀につくられた円形劇場の跡。自由に入れるので、おしゃべりを楽しむ人たちの姿も。2.傘を持った女性の彫刻は、現代彫刻家ヴァルガ・イムレの作品。3.エシェルニェーシュ(P.103)の店先に設けられたテラス席。

　「古いブダ」という意味のオーブダの町は、ドナウ川西岸、ブダペスト北部に位置します。2～3世紀にかけてオーブダには、ローマ帝国に属するパンノニアと呼ばれた州の中心都市「アクインクム」が形成されました。現在でもその遺跡が町中に点在していて、円形劇場が団地に囲まれていたり、高架道路の下にひっそり浴場跡が残っていたり、遺跡をよけるように現代の建物が建てられています。

　町の中心はアールパード橋からすぐ、メインスクエアという意味のフェー広場。黄色い建物の市庁舎が立ち、のんびりした雰囲気です。この広場にある18世紀建造のジチィ宮殿だった建物には3つの博物館が入っていて、中庭にはコンサートなどが開かれるオープンエアのイベントスペース、コブチ・ケルトが春から秋にかけてオープンします。

【 MAP ▶ P.16 A-1 】

メトロM2線Batthyány tér駅か始発の近郊列車・HÉV・H5線からオーブダを通る。フェー広場へはSzentlélek tér駅で下車

古代都市の遺跡を散策
Aquincum | アクインクム

1. 要所ごとにハンガリー語と英語の説明パネルが設置されている。2. 屋外の一角に集められた壁や柱の装飾。3. 出土品が並ぶショーケース。4. 通りに面した博物館の外観。

　紀元前1世紀から4世紀頃まで、ハンガリー西部はローマ帝国に属するパンノニアと呼ばれる州の一部でした。アクインクムは2～3世紀にかけてつくられ、繁栄したパンノニア州のなかでも中心的な都市。現在残るアクインクムの遺跡はその町の一部で、住居や公衆浴場、暖房システムや神殿の跡などがあり、歩いて自由に見学が可能。併設する博物館には発掘された出土品、復元された彫刻やモザイクなどが展示されています。博物館と遺跡への入り口は、郊外列車（HÉV）のカサーシュドューレー（Kaszásdűlő）駅とアクインクム駅のほぼ中間にあります。列車の車窓からも遺跡が見え、壮観なながめを楽しめます。

Szentendrei út 135　TEL: 1/250-1650
www.aquincum.hu
博物館10:00～18:00、11～3月10:00～16:00、月曜休
遺跡9:00～18:00、11～3月10:00～16:00
（乾燥していて足元が滑らない日だけ見学可）、月曜休
料金：2200Ft

[MAP ▶ P.16 A-1（MAP外）]

Óbuda
3区

レトロなブダペストが凝縮

Magyar Kereskedelmi és Vendéglátóipari Múzeum

| ハンガリー貿易と観光の博物館

1.金物店を再現したコーナーにはホーローのミルク缶、コーヒーグラインダーやアイロンが棚に並んでいる。2.街角に立つ広告塔と古いポスター。円柱の広告塔はアンドラーシ通りなどで今でも見られる。

Korona ter 1. TEL. 1-375-6249
www.mkvm.hu
10:00～18:00、月曜休
料金：3000Ft
| MAP▶P.16 A-1 |

　ハンガリーが華やかな発展の時代を迎えた19世紀から20世紀にかけての飲食業、接客業に関する収蔵品に、貿易関係のコレクションが加わり、1966年に世界でもめずらしい「貿易と観光の博物館」が設立されました。いくつかテーマに分かれた常設展があり、貿易、商業に関する展示では、ひと昔前の店先やショーウィンドウ、そして店内を、当時実際に使われていた家具で再現しています。キャビネットに並ぶレトロなパッケージの商品なども愛らしく、見どころたっぷり。接客がテーマの展示では、ホテルの部屋やカフェ、また住宅内のダイニングルームや台所、バスルームも再現されていて、その時代の生活風景を想像できます。

3. 老舗チョコレートメーカー「Stühmer」の店内。4. キャンディーやキャラメル、ココアの缶。5. 商店を再現した部屋の棚には昔のお菓子のパッケージが。6. ダイニングルームを再現した部屋。テーブルは1900年頃のもの。

101

Óbuda
3区

ハンガリー現代彫刻に触れる
Varga Imre Gyűjtemény
ヴァルガ・イムレ・コレクション

1950年代から2010年代にかけて創作活動を行った現代彫刻家ヴァルガ・イムレの作品と習作が展示されています。多くの著名人の彫像を制作したことでも知られる彫刻家で、ブダペスト市内でも彼の作品を見る機会があるでしょう。裏庭は木々の間に彫刻が設置されていて、静かな対話を感じるアートな空間。

1. 金色のレリーフとブロンズのマリア像は、教会のために制作された。2. 庭におかれた彫刻。背景も一緒につくられていてストーリー性がある。

Laktanya utca 7 / TEL.(1)250-0274
budapestgaleria.hu / varga-imre-gyujtemeny
10:00〜18:00、11〜2月10:00〜16:00、月曜休
料金：1500Ft
| MAP▶P.16-A-1 |

目の錯覚をアートで楽しむ
Vasarely Múzeum
ヴァシャレイ博物館

図形の連鎖や格子、グラデーションで視覚に挑戦するオプ・アートで有名なヴィクトル・ヴァザルリ（ハンガリー読みではヴァシャレイ）は、ハンガリーで生まれパリで活躍した芸術家。1997年に開館したこの博物館は、約400点もの作品を収蔵。展示室は広く、作品の前には椅子もありゆっくり鑑賞できます。

Szentlélek tér 6 / TEL.(1)439-3316
vasarely.hu
10:00〜18:00、月火曜休
料金：2400Ft
| MAP▶P.16-A-1 |

大作の並ぶ展示室。同じ敷地にオーブダ博物館、カッシャーク博物館があり、ヴァシャレイ博物館の入り口は建物の外側、バスターミナルに面している。

102

オーブダの情報発信地
Esernyős
エシェルニェーシュ

　市庁舎の隣の建物にあるカフェ。オーブダのカルチャーセンター、インフォメーションも兼ねていて、地図やパンフレットもおいてあります。平日は日替わりのランチセットがあり、スープと2種類のメインディッシュから選べます。カフェの奥にはアートギャラリーがあり、絵画や写真などの企画展示も。店名のエシェルニェーシュは雨傘のこと。この建物の脇の小さな広場に、ヴァルガ・イムレが制作した雨傘をさした女性の彫刻があり、その象徴的な傘に由来しています。広々とした中庭もあり、木立の間にもカラフルな傘が飾られています。

Fő tér 2.
TEL (06) 30-83-1953
esernyos.hu
8:00~土曜10:00~~20:00 日曜休
英語メニュー

| MAP ▶ P.16 A-1

1. 自由にくつろげる中庭。コンサートやヨガなど、イベントでも使用されることも。 2. のんびりとした午後のカフェ。 3. ハンガリーで活躍する芸術家の作品を鑑賞できるアートギャラリー。

Óbuda
3区

正統派のハンガリー料理
Kéhli Vendéglő | ケーリ・ヴェンデーグレー

1. たたいて薄くのばした牛フィレ肉のソテーに、揚げたオニオンスライスがたっぷりのった一品（Hagymás rostélyos steak burgonyával）6400Ft。

2. スープは頼まず、牛骨とトーストだけ（Forró velős csont fokhagymás pirítóssal）でも注文できる。2600Ft。
3. 店内にはいくつかの部屋があり、奥に中庭のテラス席がある。

　創業1899年、ハンガリーの田舎にある伝統的なレストランを彷彿させる佇まいの店。周囲は団地が立ち並んでいますが、このレストランと「ハンガリー貿易と観光の博物館」のある一角だけ古い建物が残っています。牛骨のスープ（Forró fazék velős csonttal）5900Ftはこのレストランの名物料理。骨髄の入った大きな骨も運ばれてくるので、トーストにのせてどうぞ。ほかにもさまざまな伝統料理があるので、おいしいハンガリー料理を食べたいなら市内からちょっと足をのばして訪れる価値のあるレストランです。春から秋にかけては2本のマロニエの大木が木陰をつくる美しい中庭で食事ができます。

Mókus utca 22　TEL (1) 368-0613
www.facebook.com/Kehlivendeglo
12:00～22:00、無休
英語メニューあり
| MAP ▶ P.16 A-1 |

ブダペストのホテル

観光客の増加に伴い宿泊施設の数も一気に増え、
5ツ星から居心地のいいリーズナブルなホテルまで充実。
ここではアパートメントと、
ちょっとおしゃれなブティックホテルをご紹介します。

※各宿泊施設ともローシーズンのスタート料金を記載。とくにアパートメントの料金は部屋の
サイズによっても違いがあり、週末やハイシーズンには高くなるなど変動があるのでご注意を
※朝食はオプション（有料）でつけることができる

窓から大聖堂が見える部屋も
Magazine | マガジン

1. パノラマスイート。バスタブつきの広いバスルームがある。 2. キチネットのついたスタンダード・ダブルルーム。

Szent István tér 4-5／TEL. (06) 70-611-1088
themagazinehotel.com
一室€80〜／朝食なし／全16室
| MAP ▶ P.14 B-1 |

聖イシュトヴァーン大聖堂の目の前にある建物内に、2015年オープンしたブティックホテル。ロケーションは抜群です。レセプションと部屋は2階にあり、共用スペースには小さなキッチンが。古い建物をリノベーションしたホテルで、ほかの階は普通の集合住宅として使われていて、4階にはこのホテルが管理するキチンつきのアパートメントもあります。ファッション雑誌のオーナーが経営するホテルとあって、インテリアもスタイリッシュ。窓から見える大聖堂も大迫力です。窓が大聖堂や広場に面していない部屋は比較的リーズナブルな価格でステイできます。

ブダペストのホテル

人気カフェが経営するホテル
Gerlóczy Boutique Hotel
ゲルローツィ・ブティック・ホテル

1

2

3

2本の小道が交わる角地に立つ4階建ての建物は、1882年に建てられたもの。レセプションの横には曲線の美しい螺旋階段があり、天井部分にはステンドグラスがはめられています。部屋はモダンなテイストながら、建物の雰囲気に合った落ち着いたインテリアで居心地がよく、コーヒーメーカーがおいてあるものうれしい。1階のゲルローツィ・カーヴェーハーズは人気のコーヒーハウス。大きな木と小さな広場に面したテラス席があり、そこに人が集まる様子はヨーロッパ映画のワンシーンのよう。食事もできるので、朝食に利用するのもおすすめです。

1.ストライプの壁紙とシャンデリアが素敵。古い建物なので天井が高い。バルコニーつきの部屋もある。2.クラシックな洗面台とウォークインシャワーのあるバスルーム。3.ドナウ川まで徒歩圏内で、デアーク・フェレンツ広場も近く交通の便もいい。

Gerlóczy utca 1／TEL.(1) 501-4000
www.gerloczy.com
一室€110〜、朝食なし／全19室

| MAP ▶ P.14 C-1 |

ブダペストのホテル

スタイリッシュなアパートメント
Queen's Court Hotel
クイーンズ・コート・ホテル

1.スーペリア・キング・スイートは、寝室とリビングルームが分かれている。2.壁一面がガラス張りで、明るいスイミングプール。3.スーペリア・ジュニア・スイート。キッチンにはオーブンも備わっている。

　2023年に改装を終え再オープン。コロニアル調のインテリアで、設備も一新してさらに快適に。各部屋にはキッチンまたはキチネットが設けられていて、バスタブ、バルコニーつきの部屋も多くあります。スイミングプールにジャグジー、サウナ、ジムも完備していて通常のアパートメントよりワンランク上のラグジュアリーなアパートメントホテル。通りに面してレストランも営業していて、中庭にもテーブル席が用意されています。トラム4番、6番が往来する大環状通りから近くに位置していて、観光地というよりは住宅地という立地なので、ブダペストの日常生活を感じられる環境に滞在できるのも魅力です。

Dob utca 63／TEL.(1) 882-3000
queenscourthotelbudapest.com
一室€100〜、朝食なし／全75室
| MAP ▶ P.15 B-3 |

ブダペストのホテル

王宮の丘、静かな環境にある
Baltazár | バルタザール

ブダ王宮地区のブティックホテル。スタッフはフレンドリーでアットホームな雰囲気です。各部屋にはテーマがあり、ヴィヴィアン・ウエストウッド、キース・ヘリング、アンディ・ウォーホルにインスパイヤされたデザインなどがあります。壁紙や飾られたアート作品、ヴィンテージの家具などにもこだわりが感じられます。

Országház utca 31／TEL. (1) 300-7051
baltazarbudapest.com
一室€160〜、朝食なし／全11室
| MAP ▶ P.12 A-2 |

1. ベッドルームとリビングルームがパーテーションで分かれているスイートルーム。
2. 1階にはレストランとワインバーがあり、ゆっくりとディナーを楽しめる。

にぎやかなパッサージに滞在
Gozsdu Court Budapest
| ゴジュドゥ・コート・ブダペスト

ブダペストでいちばん旬なスポット、7区のゴジュドゥ・ウドヴァル（P.84）にあるアパートメントホテル。レセプションはキラーイ通りの入り口から入って2番目の建物の2階にあり、24時間スタッフが常駐しているので安心。また全室にキッチンがついていて食器などもひと通りそろっているので、部屋で気軽に食事ができます。

Király utca 13／TEL. (06) 20-620-1634
www.gozsducourt.com
一室€55〜、朝食なし／全55室
| MAP ▶ P.14 B-2 |

1. 階下は夜までにぎやかなので、すべての部屋に防音ガラスが入っている。 2. 天窓のあるダイニングルーム。ベッドルームが複数あるタイプの部屋は最大7人で利用できるので、グループ旅行にも。

ブダペストをもっと楽しむ＆郊外へ
Elmerülni Budapestben

▶▶▶▶ 蚤の市で宝物探し

誰かにとって必要のなくなったものが、誰かにとっての宝物になる――。そんな小さなドラマがあるのが蚤の市。アンティークの熱心なコレクターもいれば、新品より安価なセカンドハンドを求めて訪れる人も。そんなブダペスト市民が通う蚤の市に足をのばしてみましょう。

なんでもありの庶民的なガラクタ市
Budai Zsibvásár | ブダイ・ジブヴァーシャール

ブダから隣町ブダエルシュに続く通りにある花市場の敷地を利用して開かれる蚤の市です。ジブヴァーシャールとはジャンクマーケットのような意味で、その名の通りアンティークな調度品や古美術品から古本、古着などのリサイクル品までなんでもあり。チョコやクッキーなどのお菓子や、洗剤などが並ぶ生活雑貨の店、チーズ売りに青果店のミニバンまで集まる大きなガラクタ市。売りものが地面に敷いた布に並べられていたり、車のトランクが出店になっていたり。民芸品の布やレトロな雑貨などもあり、宝探しが楽しい市です。

1. プロの売り手だけでなく、一般市民もテーブルを借りて不要品を売りに出している。
2. ハンガリーらしい花模様の絵皿。 3. 70～80年代の食器にはポップな柄のものが多い。

Budaörsi út 172-178 Virágpiac
www.budaizsibvasar.hu
土日曜7:00～14:00
| MAP▶P.10 C-2（MAP外）|

Móricz Zsigmond körter（MAP▶P.11 C-3）からバス240番に乗るか、またはメトロM4線Kelenföld vasútállomás駅からバス40番、40B番、88番、188番に乗りMadárhegyで下車

プロのバイヤーも足を運ぶ蚤の市
Ecseri Piac | エチェリ市場

郊外にあるエチェリ市場は常設の店舗があり平日も営業していますが、土曜は多くの出店が並ぶため朝早くから開催しています。大きな家具や調度品、彫刻や絵画などの古美術品、ヘレンドやジョルナイなどのヴィンテージ陶磁器、カメラ、レコード、楽器などさまざまなものが並んでいます。刺繍や織物、レースなどの布製品も。市場の中央はアーケードになっていて、常設の店舗が入っています。比較的見やすいディスプレイの店が多く、店主同士が通路でおしゃべりをしていたりと、のんびりとした風景も見かけます。

Nagyk rösi út 156／TEL.(1) 348-3200
8:00～16:00、土曜6:00～15:00、
日曜8:00～13:00、無休
| MAP▶P.11 C-4 (MAP外) |

トラム2番、4番、6番に乗りBoráros tér (MAP▶P.11 C-3)で下車し、Boráros tér 始発のバス54番、55番に乗車。またはメトロM3 線Határ út駅からバス84E番、89E番、294E番に乗り、Naszód utca (Használtcikk piac)で下車。市場の入り口は歩道橋を渡った高速道路の反対側。帰りのバスは市場前の停留所から出る

1. ハンガリー刺繍とレースをそろえた店。
2. 蚤の市に並ぶ品は古いから安価なもの、古くなったから価値の出るものなど、骨董からジャンクまでいろいろ。

SHOPPING ADVICE
ショッピング・アドバイス

アンティークやヴィンテージを専門に売る店では、売り手もその道のプロ。むやみに高値で売りつけるようなことはありません。大きく値切るのはむずかしいと考えて。逆にすぐに半値になるようなら、その価値を疑ったほうがいいかも。ほしいものが見つかったら、何軒かまわって相場を確認してから購入を。

人気のデザイン & アンティークマーケット

若いアーティストが作品を発表する絶好の機会となるデザインマーケットと、コンディションのいい骨董品や古道具が並ぶアンティークマーケット。日曜に開催される人気のマーケットで、そこにしかない一品を見つけてみませんか?

温故知新なマーケット
Antik Placc | アンティック・プラッツ

アンティークやヴィンテージを中心に、デザイン系の小物や手づくり雑貨なども並ぶマーケット。会場のクラウザール広場市場(P.146)は屋根があるので、天候や季節に左右されず毎週開催。日曜も営業しているスーパーマーケットが市場内にあるので、地元の人もふらっと立ち寄っていきます。クリスマスの時期など、出店者が多い時は2階の回廊まで店が並ぶことも。モノクロームのポストカードや切手、社会主義時代のピンバッジなど、ひと昔前のノスタルジックなコレクションはながめるだけでもワクワクします。

クラウザール広場市場で開催
Instagram @antikplacc
日曜10:00〜17:00
| MAP ▶ P.15 B-3 |

1. 古いラジオ、タイプライター、レコードのコレクションなど懐かしいものも並ぶ。
2. 陶器やガラス製品を売る店。年代物もあるのでじっくり吟味してみて。
3. アンティークのプロも出店している。聞きたいことがあったら店の人に声をかけよう。いろいろ教えてくれるはず。

ユニークな作品が並ぶ青空市
Hello Piac | ハロー・ピアツ

ハンガリーのデザイナーによる服やバッグ、ジュエリーなどの装飾品、インテリア雑貨やナチュラルコスメ、食品なども販売しているデザインフェア。天然素材や環境にやさしい製品へのこだわり、また福祉施設による作品の販売なども支援しているイベントです。

1. 陶芸品、アクセサリーを並べた出店。ディスプレイにもそれぞれ工夫がある。
2. Green Piacという名でアンティク・プラッツ(P.112)とクラウザール広場市場を会場に共同開催することも。

エルジェーベト広場で開催
hellopiac.hu
毎月1回
※詳細はウェブサイトで確認を
| MAP ▶ P.14 B-1 |

個性豊かなクリエーターが集う
Wamp | ワンプ

2006年にスタートしたデザインフェア。ユニークな服やアクセサリー、オリジナリティーあふれるデザイン雑貨などをつくり手が販売しています。チョコレートやジャムなど自家製の食品も並び、12月はクリスマスまでの毎週日曜に開かれ、多くの人がプレゼントを探しに訪れます。

エッフェル・ムーヘイハースなどで開催
wamp.hu
3〜11月 月1回・12月3回 10:00〜18:00
※詳細はウェブサイトで確認を
| MAP ▶ P.11 C-4 |

1. 服は試着もできる。2. 2024年夏季はヴァールケルト・バザール(P.25)、冬季はエッフェル・ムーヘイハーズで開催された。3. 夏は屋外、冬は屋内のイベント会場で開催。フェスティバルや地方で開かれることも。

ファンタジーあふれる絵本の世界

旧共産主義国のハンガリーでは戦後から80年代にかけて、西欧文化の影響を受けずに独創的な世界観をもった絵本や人形劇、アニメーションなどが制作されていました。言論統制により表現の自由を奪われた詩人や作家は児童文学に創作の場を移し、美しいイラストが挿入された児童書を出版。詩を愛するハンガリー人だけあって、挿入画とともに子ども向けの詩が編纂された絵本も数多くあります。語尾の音がそろっていたり、韻を踏んでいたりする詩は、ハンガリー語独特の言葉遊びになっていて、耳に

するのも口にするのも楽しく、子どもたちが言葉に親しみながら学ぶことができます。

共産圏時代のテレビのチャンネルはひとつ、時間も限られていて月曜には放送がありませんでした。そんな夜には部屋を暗くしてディアフィルム（絵本やアニメのシーンが現像されたフィルム）を映写機で壁に映し出し、ひとコマ、ひとコマまわしながらお母さんやお父さんがその場面の朗読をしてくれました。そんな時代を過ごした子どもたちが今では親の世代となり、自分たちが小さい頃に親しんだ絵本や物語を我が子に読み聞かせています。大型の書店には必ず広々とした子ども向けの書籍コーナーがあり、世代が変わっても読み続けられている絵本や児童書が並んでいます。

1. ペテーフィ・シャーンドルは19世紀のハンガリーを代表する詩人。カシュ・カーロイのイラストを添えた詩集。 2. コルモシュ・イシュトヴァーン作のこぐまの話。挿絵のレイク・カーロイ（1922〜1988）は、児童文学の挿絵で活躍したハンガリーでもっとも有名なイラストレーターのひとり。 3. 詩人ラドノーティ・ミクローシュの詩集。挿絵はヒンツ・ジュラ。 4. ヴェレシュ・シャーンドルの詩集。挿絵は3と同じくヒンツ・ジュラ。

日本でも人気の絵本作家

Marék Veronika
【マレーク・ヴェロニカ】

www.marekveronika.hu

1937年、ブダペスト生まれ。子どもの頃から読書と絵を書くことが大好きで、17才の時にはじめて絵本を出版。学校卒業後、人形劇俳優として4年間活躍する傍ら「ボリボン」「ラチとライオン」を出版し、1963年に絵本作家として独立。利かん坊や弱虫な子の前に登場するクマやライオンなど、その愛らしい絵と物語は多くの子どもたちに夢と勇気を与えてきました。「ラチとライオン」は日本でも1965年に出版され、2015年に50周年を迎えたロングセラーに。来日も6回していて「日本が大好き！ 絵本のおかげで日本に行くことができたのは本当に幸せ」とマレークさん。80代になっても創作意欲にあふれ、シリーズ化されたクマ

1. 書店に並ぶ「ボリボン」のシリーズ。 2. 日本語版は「もしゃもしゃちゃん」。原題は直訳すると「みにくい少女」だけれど、日本でダメ出しされたと笑うマレークさん。 3. 弱虫な男の子に勇気を与える「ラチとライオン」。

の「ボリボン（日本語版での呼び名はブルンミ）」、トチの実が主役の「キップコップ」の物語は現在でも新作が出版されています。

子どもたちが笑顔になる店
Pagony｜パゴニィ

絵本から児童文学まで、幅広く豊富に取りそろえている子ども向け書籍の専門店。絵本の出版も手がけています。絵本やアニメーションのキャラクターのぬいぐるみなどのグッズ、ディアフィルムなども並んでいて、本の朗読会などのイベントも企画されています。

Bartók Pagony［バルトーク店／ブダ］
Bartók Béla út 5／TEL.(06) 30-889-6049
10:00〜19:00（土日曜18:00）、無休
| MAP▶P.11 C-3 |

Pozsonyi Pagony
［ポジョニ店／ペスト］
Pozsonyi út 26／TEL.(06) 30-889-6033
10:00〜19:00（土日曜18:00）、無休
| MAP▶P.16 B-2 |

1. 子ども向けの本で埋めつくされている本棚。マレークさんの作品も並んでいる。 2. 昔から親しまれるクラシックなものから現代の作家、外国作品までラインナップ。

街中に点在する
美しい
温泉めぐり

温泉大国であるハンガリーには1000か所以上の源泉があり、ミネラル成分を高く含んだ天然水が湧き出していて、温泉施設が各地にあります。世界でもめずらしい首都が温泉町というブダペストにも100を超える源泉があり、町の中心に歴史ある温泉が点在しています。ブダペストの温泉の温度は36～38度くらいと日本の温泉よりぬるめなので、時間をかけてゆっくりと入浴できます。市民公園にあるセーチェニ温泉にお湯につかりながらチェスを楽しんでいる人たちがいるのも、長湯ができるか

ら。施設によっては40〜42度と高めの温度の浴槽を用意してあるところもあります。

　温泉はハンガリーの人たちにとって憩いの場であり、療養の場でもあります。医者の処方によって通っている人も少なくありません。温泉水を薬用の飲料水として購入することもできます。薬局やスーパーマーケットのミネラルウォーターが並ぶ棚に「Gyógyvíz」と書いてあるクラシックなラベルのボトルを見かけたら、それはちょっと酸っぱい味がするミネラルたっぷりの鉱泉水です。

利用時の注意点と持ちもの

◎入り口で入場料を払うと、リストバンド型の電子チケットが渡されます。このリストバンドは入場、ロッカーやキャビン(個室の更衣室)の開閉、退場する際に必要なのでしっかり身につけること。

リストバンドを共用の更衣室にある機械にかざすと、使用できるキャビンの番号が表示される。

◎入浴前にシャワーを浴びること。
◎浴槽に飛び込んだり潜ったりするのは禁止。
◎水深が150cmほどのプールや浴槽もあるので、泳げない人や小柄な人はとくに注意を。
◎水着とタオルは必須、ビーチサンダルがあると便利。スイミングプールを併設している温泉では、泳ぐ際に帽子の着用が必須。

黄色いネオ・ルネッサンス様式の建物に囲まれ、水色に輝くプールが美しいセーチェニ温泉。

アール・ヌーヴォーの美しいスパ
Gellért Gyógyfürdő
ゲッレールト温泉

1918年にオープンした温泉で、20世紀初頭の時代を反映した華やかなアール・ヌーヴォー様式の建物が特徴的。温泉の入り口は併設するホテルの建物に向かって右側にあり、ドアを開けると天井にやわらかな曲線が重なるエントランス、その奥にはステンドグラスが入ったアーチ天井の広々としたロビーが続きます。

レリーフが美しい柱に囲まれたスイミングプールは天井がガラス張りの開閉式で、自然光がプールを照らします。2階にある回廊にはサンベッドがおいてあり、休憩に最適。プールの左右にはタイルとモザイクで飾られた見事な内湯があります。屋外にも温泉プールがあり、夏の間は多くの人が日光浴を楽しんでいます。

1.ジョルナイのタイルで装飾された内湯。2.エントランスの天井。3.プールは水深2mのところもあるので注意。

Kelenhegyi út 2
TEL.(1)466-6166
www.gellertfurdo.hu
9:00～19:00、無休
料金：ロッカー使用11000Ft
(金～日曜12500Ft、祝日や連休などによっては13500Ft)、
キャビン使用1000Ft追加

| MAP▶P.11 C-3 |

118

ヨーロッパらしい優雅な温泉
Széchenyi Gyógyfürdő
セーチェニ温泉

1913年に市民公園にオープン。屋外にはプールが3つあり、真ん中は水温26〜28度とやや低めのスイミングプール、その左右にあるひとつは中心に流れるプールがあるレジャープール。もうひとつはゆっくり浸かれる温泉プールで、お湯に入りながらチェスをする人たちがいるのがここ。屋外のプールは一年を通して入ることができます。冬の間は午後4時を過ぎると日が暮れるので、ライトアップされたプールもロマンティック。雪が積もってもオープンしています。コーシュ・カーロイ通り(Kós Károly sétány)側の入り口の近くには、飲泉所と地下1257mに源泉があることを示すハスの花の咲く泉があります。

1.温泉プールの水温は36〜38度とぬるめなので、上がった時に肌にかけるバスタオルがあると安心。2.建物内にも浴槽とプール、そしてサウナがある。3.コーシュ・カーロイ通り側のエントランスホール。

Állatkerti körút 9-11／TEL.(06) 20-435-0051／www.szechenyifurdo.hu
7:00 (土日曜8:00) 〜20:00、無休
料金：ロッカー使用11000Ft(金〜日曜12500Ft、祝日や連休などによっては13500Ft)、キャビン使用1000Ft追加、9:00までの入場は割引あり(ただし祝日や連休などの特別料金日はのぞく)

| MAP ▶ P.11 B-4 |

ドーム天井から幻想的な光が差し込む
Rudas Gyógyfürdő
ルダシュ温泉

ハンガリーがオスマン帝国の統治下にあった16世紀につくられたトルコ式温泉がルダシュ温泉のはじまりです。中央に八角形の浴槽があり、八本の柱とアーチが天井のドームを支えています。もともと男性専用の温泉でしたが、現在では火曜に女湯の日が設けられ、週末と夜間は水着着用での混浴です。近年、ほかの温泉はすべて混浴となったため、平日のルダシュ温泉だけが昔ながらの雰囲気を今に残しています。トルコ式浴場に加え、1896年には温水スイミングプールが増設され、10年ほど前にはスイミングプールのある建物にジャグジーやサウナ、レストランを備えた「ウェルネス」エリアも新設されました。

1.ウェルネスの屋上にはパノラマ風呂が。 2.蒸気でかすむトルコ式の浴場。ドーム天井の採光口にはカラフルな色ガラスが入っている。 3.世紀末の雰囲気を残すスイミングプール。 4.湿度の高いマッサージルーム。

Döbrentei tér 9／TEL.(06)20-321-4568／www.rudasfurdo.hu
6:00〜20:00、金土曜6:00〜20:00、22:00〜翌3:00、無休
※温泉は月・水・木曜〜12:45と金曜〜10:45は男性のみ、火曜は終日女性のみ、木曜13:00〜と金曜11:00〜と土日曜終日は混浴
料金：温泉＆ウェルネス9800Ft、金〜日曜12800Ft、祝日や連休などによっては13800Ft、混浴ではない時間帯は温泉のみ、ウェルネスのみ、それぞれ6700Ft、金土曜22:00〜翌3:00は一律13000Ft、キャビン使用1000Ft追加

| MAP ▶ P.13 C-3 |

温泉療養地の面影を色濃く残す

Lukács Gyógyfürdő és Uszoda

ルカーチ温泉とプール

マルギット橋からほど近い、ドナウ川沿いの建物の一軒にある温泉。12世紀にはすでに温泉設備があったと伝えられていますが、現在ある建物の建築がはじまったのは19世紀末になってから。地元の利用者も多く、ヨーロッパらしい療養所の雰囲気がある温泉です。建物に囲まれたふたつの中庭にそれぞれスイミングプールと温泉プールがあり、建物内には32度、36度、40度と温度の違う浴槽が設けられています。入り口を入るとまず飲泉所があり、温泉療養の場であることを感じるでしょう。中庭に面した建物の壁には、ここで療養した人々から贈られた感謝の言葉が刻まれた石碑が飾られています。

Frankel Leó út 25-29 / TEL. (1) 326-1695
www.lukacsfurdo.hu
7:00～19:00（火水曜20:00）、無休
料金：ロッカー使用5100Ft（週末と祝日5500Ft）、キャビン使用は1000Ft追加
| MAP ▶ P.16 B-1 |

1.中庭にある温泉プールは、気泡が出るジェットバスになっている。2.サンベッドの並ぶ屋上。暖かい季節はのんびりと休憩ができる。3.スチームで満たされた館内。窓から差し込む自然光がやわらかい。

世紀末建築とアート

ハンガリーの伝統工芸や、東洋の文様にインスパイヤされ、独特のスタイルで開花したハンガリーのアール・ヌーヴォー。その代表にあげられる建築家レヒネル・エデンが残した建築と、世紀末の芸術にふれる2軒の邸宅をご案内。

緑のドーム屋根がシンボル

Iparművészeti Múzeum
応用美術館

1.館内にある吹き抜け。有機的なフォルムの白い欄干に映えるあざやかなステンドグラス。2.エントランスの天井は花が描かれたタイルで飾られている。3.2024年12月現在、改修のためドームの天辺にある装飾が取りはずされている。

レヒネル・エデン、そして同じく建築家のパールトシュ・ギュラによる共同設計で、建国千年祭が開催された1896年に開館。工芸品や工業デザイン製品を収蔵している博物館です。緑色と黄色のモザイクが入った屋根とドーム、装飾タイルで飾られた外壁やエントランスの天井などには、ハンガリー南部ペーチにあるジョルナイ工房の瓦屋根やタイルがふんだんに使用されています。館内中央のホールは白を基調としていて、ガラス張りの天井が明るく、外観の印象とはまた違った美しさがあります。

Üllöi út 33-37／TEL.(1)456-5107／www.imm.hu ✦改築工事のため2024年12月現在閉館中
｜MAP▶P.13 C-4｜

有機的な曲線がうねる屋根
Postatakarékpénztár
(旧)郵便貯金局

1901年に完成した郵便貯金局。アーチ型の窓枠に細やかな装飾が施されています。外壁上部にはハンガリーらしいフォークアート調の花が描かれていて、うねるような曲線で縁取られているのも特徴的。煉瓦の柱には貯蓄のシンボルである黄金の蜂が装飾されています。

1. 細い道に面した壮大な建物で、現在はハンガリー国庫として利用されている。 2. 屋根はジョルナイ製の瓦。柱に点々とある突起が黄金の蜂で、柱の天辺にあるたまご形の装飾は蜂の巣をかたどったもの。

Hold utca 4
| MAP ▶ P.14 A-1 |

水色のモザイク屋根が青空に映える
Magyar Állami Földtani Intézet
ハンガリー国立地質研究所

1896年から3年かけて建設された建物で、幾何学模様のモザイクが入ったコバルトブルーの屋根が印象的です。尖った屋根の先には地球の模型を背負った人間の彫刻がシンボリックに飾られていて、外壁上部には花やアンモナイトの化石がモチーフになった装飾が。

Stefánia út 14
| MAP ▶ P.11 B-4 |

1. 市民公園の近く、緑の残る閑静なエリアに立つ大型の建物。 2. 民芸品にもよく描かれる花をモチーフとした装飾には、ハンガリーならではのアール・ヌーヴォーのスタイルと美意識を感じる。

芸術品で飾られたコレクターの邸宅
Ráth György-villa
ラート・ジェルジィ・ヴィッラ

1. 独特な光りを放つジョルナイの陶器。2. 曲線の美しい家具がおかれたダイニングルーム。3. ラート・ジェルジィが収集した絵画の飾られた部屋。4. 通りに面して庭もある。

応用美術館の初代館長だったラート・ジェルジィが1901年に購入したヴィッラ。美術収集家だった彼は、妻ギゼラとともに芸術作品で部屋を飾りました。ジェルジィのコレクションは没後、ギゼラが応用博物館に寄贈。このヴィッラは所有者を変え博物館としてオープンしていましたが、2018年から応用博物館の分館に。常設展ではハンガリー製の家具がおかれたダイニングルームや、世紀末芸術の潮流をつくったイギリスやフランスをテーマにした部屋が公開されていて、応用美術館が所蔵するアール・ヌーヴォーの美術品が展示されています。

Városligeti fasor 12／TEL. (1) 416-9601
www.imm.hu／10:00〜18:00、月曜休
料金：3600Ft（常設展）
| MAP ▶ P.11 B-3 |

ステンドグラスとモザイクの巨匠
Róth Miksa Emlékház és Gyűjtemény
ロート・ミクシャ記念館とコレクション

1. 1900年、パリ万国博覧会で銀メダルを受賞したモザイク。2. 20世紀前半のライフスタイルを感じられる部屋。3. 動物の細やかな描写が秀逸なステンドグラス。4. 古い集合住宅の並ぶ通りに立つ記念館。

Nefelejcs utca 26／TEL.(1)341-6789
www.rothmuzeum.hu
10:00〜14:00（金土曜18:00）、
木曜13:00〜19:00、12:00〜18:00、月曜休
料金:2000Ft
| MAP ▶ P.11 B-4 |

　1865年、ブダペストのガラス職人の家に生まれたロート・ミクシャ。19世紀末から20世紀にかけて建てられた建築物のステンドグラスとモザイクを手がけ、ハンガリーの世紀末アートの発展に大きな功績を残した芸術家のひとりです。国会議事堂や聖イシュトヴァーン大聖堂などで彼の作品は必ず目にしているはず。ネフェレイチ通りの建物に工房と住居を構えたのは1911年で、中庭をはさんで向かいの建物にも工房がありました。現在は1階と2階にステンドグラスとモザイクの作品とレプリカが展示されていて、住居だった部屋も公開されています。

リフトに乗ってブダペスト最高峰へ

　いくつもの丘が重なるブダ地区は、街の中心部から数十分バスに乗っただけで緑豊かなエリアに。標高528mのヤーノシュ山はブダペストでいちばん高い山で、リベゲーと呼ばれるチェアリフトが山頂まで約1km運行しています。1970年に開通したリベゲーは、場所によって意外に低い位置を進むこともあり、家や遊歩道がすぐそこに見えたり、木の枝に触れそうだったり。山頂にはエルジェーベト展望台があり、360度見渡せます。リフト乗り場から遊歩道に沿って山を15分ほど下りたところに、子ども鉄道のヤーノシュ・ヘジ（János-hegy）駅があります。

　森林を走り抜ける子ども鉄道は、フーヴェシュヴェルジ（Hűvösvölgy）駅からセーチェニ・ヘジ（Széchenyi-hegy）駅まで全長11.2kmを約40分で結んでいます。この鉄道ではその名の通り駅員や車掌など、運転手以外の業務がすべて10〜14才の子どもたちに任されています。社会主義時代に設立されたウーッテェレー（ロシア語ではピオニール）という少年団の活動の一環で1948年に開通し、当時はウーッテェレー鉄道と呼ばれていました。民主化後に子ども鉄道に名称が変わりましたが、現在でも子どもたちが中心となり鉄道を運営しています。

1. エルジェーベト展望台。ブダペスト最高峰からのながめを楽しんで！ 2. オーストリア＝ハンガリー帝国時代の1911年に建てられ、エリザベート皇妃の名がつけられた。

Erzsébet-kilátó
エルジェーベト展望台

8:00～20:00、無休
料金：無料

| MAP ▶ P.10 B-1（MAP外）|

Libegő チェアリフト

11～1月10:00～15:30、2・10月27～31日10:00～16:00、3・10月1～26日10:00～17:00、4・9月10:00～18:00、5～8月10:00～19:00、隔週月曜休
※天候により運転中止もあり
料金：3500Ft（2回分乗車券）

| MAP ▶ P.10 B-1 |

西駅 (Nyugati pályaudvar) 始発のバス291番に乗り、終点Zugliget, Libegő下車。バス停から100mほど先にチェアリフトの乗り場がある

3. リフトは静かな木立の間とゆっくり進み、頂上が近づくにつれて眼下にブダペストの町のパノラマが広がり、上り、下りともに楽しめる。

Gyermekvasút
子ども鉄道

www.gyermekvasut.hu
9～4月の月曜休
料金：シングルチケット1000Ft、トランスファーチケット1800Ft（2回乗車可）
※蒸気機関車の場合400Ft追加
Hűvösvölgy駅MAP ▶ P.10 A-1（MAP外）、Széchenyi-hegy駅 MAP ▶ P.10 C-1

4. 切符の販売やホームでの安全確認も子どもたちの仕事。駅に流れる構内放送もかわいらしい。 5. 駅に到着する車両。窓ガラスのないオープンな展望車が連結している。

Hűvösvölgy駅へは、メトロM2線Széll Kálmán tér駅からトラム56番、56A番、61番で約20分。Széchenyi-hegy駅へは、メトロM2線Széll Kálmán tér駅からトラム56番、56A番、59番、61番で、2つ目のVárosmajor下車。急勾配を上る登山鉄道60番に乗り換え終点へ

巨大な像の行きついた場所へ——

1. 高さ9.5mの巨大なブロンズ像。2. 1956年、ハンガリー動乱の際に倒されたスターリン像のブーツ。屋内展示では原寸大レプリカを間近で見られる。3. 現代彫刻家ヴァルガ・イムレの作品。4. 入り口左はレーニン、右はマルクスとエンゲルスの像。

Memento Park
メメント・パーク

Balatoni通りとSzabadkai通りの角
TEL.(1)424-7500
www.mementopark.hu
5〜10月10:00〜18:00、11〜4月10:00〜16:00、無休
料金：3000Ft
| MAP ▶ P.10 C-2（MAP外）

メトロM4線Kelenföld vasútállomás駅からバス101B番、101E番、150番に乗り約15分、Memento Parkで下車

ハンガリーがソビエト連邦の衛星国だった社会主義時代、ほかの東欧諸国と同様にブダペストの街角や広場にもレーニンやマルクス、エンゲルス、共産党の指導者や兵士などシンボリックで巨大な彫刻やモニュメントが立っていました。民主化後、それらはすぐに引きずりおろされ街から姿を消します。そんな行き場を失った彫刻やモニュメントが集められ、1993年にブダペストの郊外に彫刻公園がオープンしました。道路沿いの殺風景な空き地に並ぶ巨大な彫刻の姿は、過ぎ去った時代が残したゴーストのよう。ほかにはない、ちょっと異質な雰囲気のミュージアムです。チケット売り場では赤い星などをモチーフにしたバッジやポスター、ポストカードなどを販売しています。その横には東ドイツ製の乗用車「トラバント」がおいてあり、共産圏時代の空気を感じられる公園でもあります。

Gödöllő

ブダペストからワンデイトリップ

シシィが愛したゲデレー宮殿

1. すみれ色の壁紙に肖像画と調度品で飾られたシシィの部屋。 2. 庭からながめた宮殿。館内で貸し出しされているオーディオガイド(1000Ft)には日本語も。 3. 馬に乗るシシィの肖像画。

Gödöllői Királyi Kastély
ゲデレー宮殿

TEL. (28) 410-124／www.kiralyikastely.hu
4月〜10月23日10:00〜18:00、10月24日〜3月10:00〜17:00(11・12月の金土曜19:00)、無休
料金：4600Ft、週末4900Ft

| MAP ▶ P.8 |

メトロM2線Örs vezér tere駅から郊外列車（HÉV）のH8線に乗り約45分、Gödöllő, Szabadság tér駅で下車。線路をはさんで南側に宮殿がある

19世紀、オーストリア＝ハンガリー帝国時代、皇帝フランツ・ヨーゼフ1世と皇后エリザベート（シシィ）が滞在していた離宮が、ブダペストから北東約30kmのゲデレーにあります。ハンガリーの貴族が18世紀に建てたこの宮殿は、所有者が数回変わった後、フランツ・ヨーゼフ1世の戴冠を祝してハンガリー政府から皇帝夫妻に贈られました。自然豊かなゲデレー宮殿はウィーンでの宮廷生活になじめなかったシシィのお気に入りに。毎年、数か月間滞在し、自由な生活を満喫していたそう。再現された皇帝執務室、シシィの部屋、子ども部屋などが見学でき、宮殿前には乗馬を愛したシシィの姿が浮かんできそうな庭園が広がっています。

ブダペストからワンデイトリップ

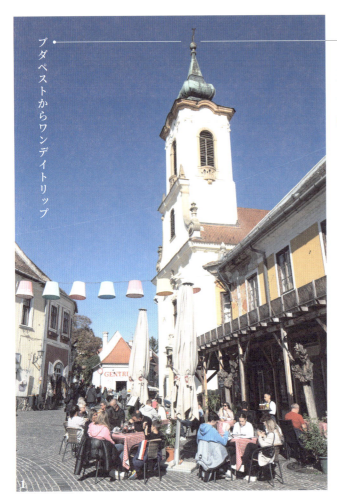

芸術家を魅了した町、センテンドレ

| MAP ▶ P.8 |

1. メインスクエアという意味を持つフェー広場。ブラゴヴェシュテンスカ教会が立つ。
2. すり減った石畳の階段。いつの時代からあるのだろう。
3. 刺繍入りの布など、民芸品を売る店の窓。

　情緒あふれる街並みが残るセンテンドレ。ブダペストから郊外列車（HÉV）に乗り約40分で到着します。列車を降りてそのまま少し歩くと地下道があり、通り抜けるとコシュト・ラヨシュ通り（Kossuth Lajos utca）に出ます。そこから旧市街の中心、フェー広場までは徒歩10分ほど。途中フェレンツィ博物館があり、小川を渡ると歩行者専用道となりカフェなどが通りにテーブル席を出しています。

　フェー広場は18世紀に建てられた建物に囲まれ、中央にはペストの終焉を記念して立てられた十字架のモニュメントがあります。この広場でひときわ目を

町はドナウ川沿いにある。天気のいい日は散歩をする人でにぎわい、ストリートミュージシャンの演奏なども見かける。

Szentendre

Belgrád székesegyház
ベオグラード大聖堂

Szentendre, Pátriárka utca 5
10:00〜16:00、月〜木曜休
料金：500Ft

Szentendrei Keresztelő Szent János Plébánia
センテンドレ聖ヤーノシュ・プレーバーニア教会

Szentendre, Templom tér

4.聖ヤーノシュ・プレーバーニア教会のすぐ近くに立つ、セルビア正教会のベオグラード大聖堂。5.丘の上に立つ聖ヤーノシュ・プレーバーニア教会。ミサの時間以外、扉が開いていれば内部を見られる。

引くのが、セルビア正教会のブラゴヴェシュテンスカ教会。センテンドレは16世紀にオスマン帝国の支配から逃れるように多くのセルビア人が住んでいた町で、今でも数々のセルビア正教会の教会が残っています。ブラゴヴェシュテンスカ教会の向かいには、建物と建物の間にアーチがかけられた小道の入り口。目印はハンガリー人が大好きな平たい揚げパン「ラーンゴシュ」の看板。アーチをくぐって少し進むと、地元で人気のラーンゴシュの店があり、さらに上るとカトリック教会の聖ヤーノシュ・プレーバーニア教会が立つ高台に出ます。ここからは煉瓦屋根のセンテンドレの街並みが見渡せます。

センテンドレには20世紀初頭頃から、その美しい街並みに魅了された多くの芸術家が移り住み、アーティストコロニーが形成されました。現在でも博物館やギャラリーがあり、通りでは画家が自分の作品を並べて売っています。民芸品や雑貨を扱う店も並んでいて、ドナウ川沿いの道も気持ちがよく、ブダペストから日帰りで楽しめるかわいらしい町です。

丘に続く小道にあるラーンゴシュの店。なんといっても揚げ立てがいちばん！サワークリームとチーズ、ジャムなどトッピングも選べる。

メトロM2線Batthyány tér駅（MAP▶P.12 A-2）が始発の郊外列車（HÉV）のH5線で約40分、終点センテンドレ駅へ。5〜9月はブダペストのヴィガドー広場船着き場（Vigadó téri hajóállomás）（MAP▶P.13 B-3）から船も出ていて、ドナウ川を北上し約1時間半で到着

1. 小さな教会の厳かで美しい祭壇。2. 博物館にはセルビア正教会の古いイコンや祭具などが展示されている。

中世から続くセルビアの文化
Blagovestenszka templom / Szerb Egyházi Múzeum
| ブラゴヴェシュテンスカ教会とセルビア正教博物館

　18世紀に建てられたセルビア正教会の教会。祭壇はブダで生まれたセルビア人画家が、19世紀はじめに描いたイコンで飾られ、塔にある窓の石づくりの欄干や、ドアを飾る石彫りの装飾にはバロックとロココ様式が見られます。セルビア正教博物館も併設されていて、その歴史にも触れることができます。

Szentendre, Fő tér 6／10:00〜18:00、月曜休
料金：1400Ft（教会と博物館）

センテンドレゆかりの芸術
Ferenczy Múzeum
| フェレンツィ博物館

　18世紀にセンテンドレで生まれ、ドイツで絵画を学んだ印象派の画家フェレンツィ・カーロイの名を冠した博物館です。この地で活躍した芸術家の作品や、ハンガリーの現代美術を展示。フェレンツィ博物館が管轄する施設が、センテンドレにはほかに9か所あり入場券は共通なので、美術館めぐりを堪能できます。

Szentendre, Kossuth Lajos utca 5
TEL.（06）20-779-6657／www.femuz.hu
10:00〜18:00、月曜休
料金：2800Ft（開館している管轄の博物館共通、当日限り有効）

おとぎ話に出てきそうな陶器
Kovács Margit Múzeum
| コヴァーチ・マルギット博物館

それぞれの像がなにかを語りかけるような表情をしていて惹きつけられる。

　コヴァーチ・マルギットは、1902年にハンガリー西部の町ジュールで生まれ、半世紀にわたり精力的に活動した陶芸作家です。人物をモチーフにしたファンタジーあふれる表情の作品が特徴的。1973年にオープンしたこの博物館には、コヴァーチ・マルギット自身が選んだ400点もの作品が収蔵されています。

Szentendre, Vastagh György utca 1
TEL.（06）20-779-6657／www.femuz.hu／10:00〜18:00、無休
料金：フェレンツィ博物館の料金と同様

「コレクション」と題して1900〜2022年のハンガリー現代美術作品を展示。

Szentendre

伝統工芸、藍染工房の店
Kovács Kékfestő
コヴァーチ・ケークフェシュテー

19世紀末から藍染製品を生産している伝統工芸一家、コヴァーチ家の工房直売店です。藍染に使用される生地はコットン100%。深みのある青い色に染められた布に白い伝統文様が美しく、テーブルクロス、エプロン、スカートからハンカチーフなどの小物までいろいろそろっています。布の購入もできるので興味があったら店員に聞いてみて。

1. 店先に並ぶ藍染の服。子どもから大人までサイズも豊富。2. 髪飾りや鍋つかみなど実用性のある小物があるのもうれしい。

Szentendre, Bogdányi utca 36
TEL. (06) 30-944-6276
www.kovacskekfesto.hu
10:00〜17:00、12月15日〜2月休

バルカン料理を味わう
BLKN Bistro
バルカン・ビストロ

ブラゴヴェシュテンスカ教会からドナウ川へと続く細い坂道の途中にあるレストラン。セルビアやボスニア・ヘルツェゴビナなど、旧ユーゴスラヴィアの各国で食されている伝統料理チェヴァプチチ（Cevapcici）やプレスカヴィッツァ（Pljeskavica）などグリル料理をメインに、スープやサラダ、ヴェジタリアン向けのメニューも。

Szentendre, Görög utca 4／TEL. (06) 70-458-089
12:00〜22:00、無休
英語メニュー ◯

1. チェヴァプチチにはピタパンとグリルした赤パプリカからつくられるペースト、アイヴァルが添えられる。2. 店先の坂道にはテラス席も。

家族経営のレストラン
Aranysárkány Vendéglő
アラニィシャールカーニィ・ヴェンデーグレー

古い建物の屋根裏部分を利用しているので壁が斜めになっている。

教会のある丘のふもと、石畳の小さな通りに立つ建物の2階にある家族経営のレストラン。創業は1977年、オーナーの息子さんが現在の店を仕切っています。ハンガリーの伝統料理からフュージョンまでメニューに工夫があり、目立たない場所にありながら、週末は座る場所がないほど混み合うこともある人気店です。

Szentendre, Alkotmány utca 1/a
TEL. (06) 30-301-4796／www.aranysarkany.hu
12:00〜22:00（日曜20:00）、月曜休
英語メニュー ◯

ウィーン、ブラチスラヴァへ

1. ウィーンのシンボル、シュテファン大聖堂。厳かな空気が流れる。
2. 麗しい姿のベルヴェデーレ宮殿。上宮はクリムトのコレクションで有名な美術館。

3. ブラチスラヴァの旧市街への入り口となるミハエル門。4. ブラチスラヴァ城。18世紀、ハプスブルグ家の当主、マリア・テレジアが居城とした。

　列車に乗って国境を越えられるのは、ヨーロッパ旅行の醍醐味。ブダペスト東駅からオーストリアの首都ウィーン（MAP▶P.8）までは所用約2時間40分、ほぼ1時間ごとに運行しています。ハンガリーの北に位置するスロヴァキアの首都ブラチスラヴァ（MAP▶P.8）はブダペスト西駅から所用約2時間30分、1日8本運行。この2か国の首都は、ブダペストと歴史的にも深いつながりがあります。

　ブラチスラヴァは、ドナウ川が市内を横切るように流れています。北岸の高台には城が立ち、そのふもとには古い建物が並び中世の趣を残すかわいらしい旧市街があります。ブラチスラヴァはハンガリー語では「ポジョニ」。16世紀、オスマン帝国の侵攻でブダが陥落し、その後150年間、ハンガリー王国の首都はポジョニに移されました。一方ウィーンは、ハンガリー語で「ベーチ」。シュテファン大聖堂を中心に、情緒あふれる街並みが広がります。1699年、オスマン帝国が占領していたハンガリー王国の領土がハプスブルグ家に割譲されます。その後、1867年に成立したオーストリア＝ハンガリー帝国は、1918年に第一次世界大戦に敗れ、解体されるまで続きました。19世紀から20世紀にかけてはウィーン、ブダペストともに大きな発展を遂げた時代で、その美しい都市景観は当時の繁栄を今に伝えています。

ハンガリーで食べる
Magyar konyha

色あざやかなハンガリーの食文化

ハンガリー料理の定番といえば、パプリカパウダーで真っ赤に染まった煮込み料理。肉、魚、野菜などの具材を、時間をかけじっくりコトコトと火にかけ調理します。ハンガリーの煮込み料理の基本は、みじん切りにした玉ネギをラードで炒めることからはじまります。玉ネギがしんなりしたら、焦げないように火を弱めてパプリカパウダーを投入。パプリカの粉が脂に溶け込んであざやかに発色し、煮込み料理の素となるのです。

内陸国のハンガリーでは肉料理が多く、牛や豚は肉から臓物まであますところなく使われます。とくに豚肉は加工品の種類がバラエティーに富んでいて、サラミやコルバース（パプリカ味のドライソーセージ）、サロンナ（燻製や塩漬けされた脂身）、ラードがつくられ、ハンガリー料理に欠かせない食材です。鶏や七面鳥もそれぞれの部位がさまざまな料理になります。鴨（ダック）とガチョウ（グース）の飼育も盛んで、ハンガリーはフォアグラの産地としても知られています。

海のないハンガリーの魚料理は、コイやナマズなどの淡水魚が主流。日本人にとって少し泥臭く感じるかもしれないこれらの魚も、パプリカパウダーと一緒にじっくり調理されるとおいしい煮込み料理になります。

1.パプリカパウダーの色があざやかな伝統料理「トゥルトット・カーポスタ（ロールキャベツ）」。上には豚肉のソテーとサロンナがのっていて、ボリューム満点！ 2.ハンガリー原産、巻き毛が特徴のマンガリッツァ豚。

ADVICE

レストラン利用時のアドバイス

▶ 人気のレストランは事前に予約したほうが安心。

▶ 席は勝手に選ばずに、入り口で店員に何人で来たかを告げると、案内してくれます。

▶ 最初に飲みものを注文します。必ずオーダーしなければならないわけではありませんが、頼んだほうがベター。アルコールを飲まない場合は、清涼飲料やミネラルウォーター（有料）を。

▶ 前菜もしくはスープ→メインディッシュ→デザートが基本の流れ。ただしグヤーシュやハラースレー（魚のスープ）などのスープは、メインをかねた一品料理にもなります。

▶ 英語メニューのある店でも、日がわりランチや今日のおすすめメニューなどは、黒板にハンガリー語で書かれていることがあります。店員に聞いてみましょう。

▶ 伝統的なハンガリー料理店では量が多め。脂っこい料理も多いので無理して食べ過ぎないようご注意を。出された食事は残さず食べる習慣のある日本人が、旅先で調子を崩す原因の多くは食べ過ぎ。残すのがもったいなければ、持ち帰りのできるレストランも多いので聞いてみましょう。

▶ 会計は基本的にテーブルで。合計金額の10〜15％ほどをサービス料として上乗せして支払います。多くの店がクレジットカードのタッチ決済に対応していて、あらかじめサービス料が加算されていることも。支払う前に確認をしたほうがいいでしょう。

▶ ▶ ▶ ▶ おすすめ
ハンガリー料理

庶民的なパプリカ風味の煮込みから
フォアグラのようなグルメなごちそう、
ちょっと不思議なメニューまで
レストランで食べてみたい料理をご紹介。

スープ Leves
【レヴェシュ】

Gulyás
【グヤーシュ】

グヤーシュはハンガリー語で「牛飼い」の意味で、大平原で牛飼いたちが大鍋でつくっていたスープ。じっくり煮込まれた牛肉はやわらかく、スープはパプリカが香るやさしい味わい。

Babgulyás
【バブグヤーシュ】

「バブ」は豆のことで、豆入り肉のスープ。ボリュームがあるのでメインディッシュに。ヨーカイ・バブレヴェシュ（Jókai bableves）という豆スープもあり、こちらには香ばしい燻製肉が使われる。

Húsleves
【フーシュレヴェシュ】

牛、豚、鶏の肉や骨、香味となるニンジン、セロリの根、パセリの根などの野菜を煮込んでつくるコンソメスープ。スープ用の小さなパスタや極細麺、セモリナ粉でつくった団子入り。

メインディッシュ（肉料理）Főétel
【フェーエーテル】

Paprikás csirke
【パプリカーシュ・チルケ】

鶏肉をパプリカパウダーで味をつけてじっくり煮込み、仕上げにサワークリームを入れることでまろやかなソースができ上がる。付け合わせは手づくりパスタ「ガルシュカ」が一般的。

Bécsi szelet
【ベーチ・セレト】

ウィーン風カツレツ。ベーチとはハンガリー語でウィーンを指す。豚や仔牛のフィレを揚げたもの。パン粉は細かく、肉は叩かれて大きくのばされるので、日本のトンカツとは別の食感が楽しめる。

Pörkölt
【プルクルト】

パプリカ味の煮込み料理で、牛肉、豚肉、鶏肉をはじめ、牛の胃袋や鶏、七面鳥の砂肝などの内臓でもつくられる。牛肉のプルクルトにはタルホニャと呼ばれる粒状のパスタが添えられることが多い。

Töltött káposzta
【トゥルトゥット・カーポスタ】

ハンガリーのロールキャベツ。具は豚肉と米、発酵した塩漬けキャベツで巻く。風味づけに燻製肉やコルバースなども一緒に煮込まれる。クリスマスや結婚式など晴れの食卓に上がる料理でもある。

鴨&ガチョウ
Kacsa és Liba
【カチャ・エーシュ・リバ】

Sült kacsamell
【シュルト・カチャメル】

鴨（ダック）の胸肉のソテーも、レストランでよく見かけるメニューのひとつ。付け合わせはポテト、味のアクセントにフルーツや甘酸っぱいソースがかかっていたりすることもある。

Libamáj pástétom
【リバマーイ・パーシュテートム】

ハンガリー語でガチョウ（グース）のフォアグラはリバマーイ。前菜のメニューにある冷製パテは、ジャムやカラメリズされた玉ネギなど甘い付け合わせと相性抜群。トーストにのせてどうぞ。

Sült libamáj
【シュルト・リバマーイ】

フォアグラをソテーしたもの。焼きリンゴやサワーチェリーなど甘酸っぱい果物やソースなどが添えられることが多い。付け合わせはマッシュドポテトなどジャガイモ料理が一般的。

Sült libacomb
【シュルト・リバツォンブ】

ガチョウはフォアグラだけでなく、レッグのローストもある。表面はカリっとしてなかはジューシー。付け合わせはポテトと甘く煮た紫キャベツ。鴨のレッグのローストも。

◎各部位のハンガリー語は、肝臓がmáj（マーイ）、脚肉がcomb（ツォンブ）、胸肉がmell（メル）
◎上記のリバマーイ・パーシュテートム以外の3品は、ポテトやキャベツなどの付け合わせが料理名に続いて表記されるのが一般的。たとえばSült libacomb párolt lilakáposzlávalは「ガチョウのレッグのロースト、紫キャベツ煮添え」

魚料理 Halétel
【ハルエーテル】

Halászlé
【ハラースレー】

ハンガリーの魚料理を代表するフィッシュスープで、パプリカパウダーと魚のあらをじっくり煮込んだ一品。コイのハラースレー（Pontyhalászlé）、ナマズのハラースレー（Harcsahalászlé）がある。

Sült pisztráng
【シュルト・ピストラーング】

シンプルなマスのグリル。あっさりとした白身魚で身はやわらかく、日本の塩焼きに近いので食べやすい。マスはハンガリーでも養殖されているので、ハンガリーの魚料理によく登場する。

Harcsapaprikás
【ハルチャパプリカシュ】

ナマズのパプリカ煮。ガルシュカやトゥーローシュと呼ばれるカッテージチーズをあえた平たいパスタが付け合わせとして添えられることが多い。ナマズはクセが少なくパプリカ味との相性もよい。

そのほかの魚料理

ハンガリーで食べられる海の魚は限られていますが、最近ではレストランでサーモンを使ったメニューを見かけるように。ヘック（Hekk）はメルルーサ、タラに似た白身魚。レストランのメニューにはありませんが、市場のスタンドや、川や湖など行楽地で揚げたものが売られています。

こんな一品もいかが？

家庭料理の定番

Lecsó
【レチョー】

フレッシュな生のパプリカとトマトなどの夏野菜を、パプリカパウダーで煮込んだハンガリーの定番家庭料理。ソーセージを添えたり卵を加えたり、パスタやライスと一緒に食べる夏の味。

Rakott krumpli
【ラコット・クルンプリ】

ジャガイモ、ゆで卵、コルバース（P.137）とサワークリームを重ねて焼いたハンガリー版ポテトグラタン。ボリュームたっぷりの一品。セルフサービスの食堂や市場のイートインなどにある。

Túrós csusza
【トゥーローシュ・チュサ】

ハンガリーのカッテージチーズ、トゥーローと平たいパスタをあえ、サワークリーム、フライパンで熱したカリカリのベーコンビッツとその脂をトッピング。ベーコンの香りが食欲をそそる！

ちょっと不思議な料理？

Gyümölcsleves
【ジュムルチレヴェシュ】

夏の定番メニュー。サワーチェリーやラズベリーなど、フルーツでつくった冷たいスープ。生クリームやサワークリームなども入っていてほんのり甘酸っぱく、暑い夏でもおいしくいただける。

Mákos tészta
【マーコシュ・テースタ】

ケシの実を挽いたものと砂糖のかかったパスタ。甘い料理だけれどデザートではなく、スープの後に食べたりとメインになる一品。クルミがかかったディオーシュ・テースタ（Diós tészta）もある。

市場や精肉店、イベントで

Hurka & Sült kolbász
【フルカ&シュルト・コルバース】

フルカ（下左）はレバー入りと豚の血入りの2種類ある腸詰めで、米が入っていてピラフのような食感。シュルト・コルバース（下右）はパプリカ味のソーセージで、イベントの屋台でよく見かける。

Lángos【ラーンゴシュ】

丸く平たい揚げパンで、国民的スナック。トッピングも選べる。もっともシンプルなのはニンニクを漬けた水を塗り、塩をかけたもの。人気はサワークリームとチーズ。

Zsíros Kenyér【ジーロシュ・ケニェール】

直訳すると脂のパン。豚のラードやガチョウの脂をパンに塗り、紫玉ネギのスライスをのせる。バーのカウンターに無造作に積まれていたりする。

付け合わせといえば

Savanyúság
【シャヴァニューシャーグ】

「酸っぱいもの」という意味でピクルスの総称。写真はキュウリ、カリフラワー、キャベツを詰めたアルマパプリカ、そしてキャベツやキュウリ、パプリカをミックスして漬けたチャラマーデー。

Kenyér【ケニェール】

パン。ハンガリーの伝統的なパンといえば大きな丸いパン。厚切りにして、スープや煮込み料理と一緒に食べる。レストランでもスープを頼むとカゴに入ったパンが添えられる。

Uborkasaláta
【ウボルカシャラータ】

キュウリを甘酢であえたサラダ。煮込み料理に合うさっぱりとした味。サワークリームが加えられることも。

Kovászos uborka
【コヴァーソシュ・ウボルカ】

キュウリのピクルス。漬ける際、ビンにハーブやニンニクと一緒にパンを入れて発酵させる。

Cékla【チェークラ】

赤いビーツ。酢漬けにしたビーツにすり下ろしたホースラディッシュ（西洋ワサビ）を添えて。

143

ブダペストの台所、中央市場

　自由橋のそばに立つ中央市場。1897年に完成した建物は、レンガで幾何学模様が組まれた壁、ジョルナイの瓦で飾られたカラフルな屋根など、絵本に出てくるようなかわいらしさです。1階には精肉店や青果店、乳製品など生鮮食品を売る店が並び、地元の買いもの客が多く、パプリカパウダーや蜂蜜などを種類豊富にそろえる店もあり旅行客にも人気です。2階には工芸品などを売るみやげもの店が軒を連ね、セルフサービスの食堂や立食のスタンドなどが集まる一角も。煮込み料理やソーセージなどハンガリー料理を見て選べるので、気軽に楽しみたい時にはとても便利。地下にはジビエ、魚、ピクルスを売る店が並びます。キュウリやビーツ、カリフラワーなど、ハンガリーではさまざまな野菜がピクルスになります。野菜がスマイルマークになって漬けられているかわいらしいビンも店先に積まれています。また、ホーローの鍋や木のスプーンなど、ハンガリーの台所で普段使いされているキッチン用品を売る店もあります。

1. 市場を2階の回廊からながめる。上部はガラス張りで自然光がたっぷり入る美しい構造。2. まばゆい瓦屋根。昔はドナウ川から物資が運ばれてきた。3. 色あざやかなパプリカは、大きさも形もいろいろ。辛いものもあるので購入したい人は店の人に確認してみよう。4. 刺繍が入ったブラウスやテーブルクロスがところせましとディスプレイされている。

Nagycsarnok｜中央市場

Vámház körút 1-3／TEL.(1)366-3300
6:00〜18:00（月曜17:00）、土曜6:00〜16:00、日曜10:00〜16:00、祝日休
＊上記は市場のオープン時間。営業の曜日、時間は各店によって異なる
| MAP ▶ P.13 C-4 |

ハンガリーならではの味を市場で

パプリカ製品

ハンガリーの台所になくてはならないパプリカパウダー。ハンガリー南部、カロチャとセゲドがパプリカの2大産地です。乾燥したパプリカを挽いてつくるパウダーには甘い(Édes)パプリカと、スパイスとしても使える辛い(Csípős)パプリカの2種類があります。煮込み料理に使用するのは甘いパプリカです。辛味のあるパプリカはサラミなどの味付けに使われています。

グヤーシュなどパプリカ味のスープを頼むと、スパイシーなパプリカペーストがついてきます。このペーストは生のパプリカと塩でつくられていて、瓶入りで市場やスーパーマーケットに並んでいます。

おみやげにはかわいい布バッグ入りや、レトロな缶に入ったパプリカが◎。

フォアグラ

フォアグラの缶詰。黒の缶はグース、青い缶はダック。

フォアグラの産地であるハンガリーでは、市場で生のフォアグラが手頃な値段で購入できます。キッチンつきの部屋なら、生のフォアグラをソテーして食べることも可能。熱処理済みの缶詰はそのまま食べられます。Rex Ciborumというブランドが有名で、「Natúr」はフォアグラ含有量90%、「blokk」は85%。トカイワインやトリュフなどのフレーバーつきや、パテになっているものなどもあり、中央市場には種類豊富にそろっています。

6区と7区の地元市場めぐり

ブダペストには19世紀末から20世紀初頭にかけて、中央市場とほぼ同じ構造で建てられた市場が全部で6か所あります。そのなかから現在でも営業している6、7区の市場をご紹介。

6区

Hunyadi téri Vásárcsarnok
フニャディ広場市場

近年整備され美しくなったフニャディ広場に面して立つ市場。建物の改修はこれからなので、館内は店が少なく老朽化が目立ちますが、毎週土曜には市場と広場の間の通りに青空市が開催され、出店がずらりと並び、多くの人が足を運びます。

Hunyadi tér 4
7:00～18:00（月曜17:00）、土曜7:00～14:00、日曜休
| MAP ▶ P.15 A-3

1.自家製のサラミやコルバースを売る店。2.新鮮な野菜や果物を求める人で行列ができる。活気あふれるマーケット。

7区

Klauzál téri Vásárcsarnok
クラウザール広場市場

クラウザール広場に面して1897年建てられた市場です。入り口はクラウザール広場とその裏にのびるアカツファ通り（Akácfa utca）にあります。市場内のスーパーマーケットは週末も営業していて便利。2階にはラーンゴシュを売る店があります。

Klauzál tér 11
6:30～21:00、日曜7:00～18:00、祝祭日休
※上記は市場のオープン時間 営業時間は各店によって異なる
| MAP ▶ P.15 B-3

野菜を売る出店と精肉店、乳製品を扱う店舗などが並ぶ。日曜にはアンティークの市（P.113）などのイベント会場にもなる。

▶ ▶ ▶ ▶ スーパーマーケットで買える
おいしいおみやげ

子どもの頃にみんな大好きだった、
昔からあるメーカーのちょっと懐かしい味。
そんなお菓子を集めてみました。

ハンガリーの海と称される湖「バラトン」がそのまま名称になっているチョコウェハースバー。

板チョコいろいろ。Pirosはヘーゼルナッツ入り、Bociはトルタ味、Tibiはダークチョコにフルーツ。

ココナッツ味のビスケットと蜂蜜入りのチョコがけ型抜きクッキー。模様がいろいろあってかわいらしい。

ポテトチップスにもパプリカ味がある。サワークリームとオニオン、チーズも人気。

ラズベリーゼリー入りのチョコがけソフトケーキと、リング型のクッキー。おばあちゃんのお菓子箱に入っていそう。

お菓子ではないけれど、ハーブティーは軽くてお手頃価格がうれしいおみやげアイテム。Herbáriaは老舗のハーブティーブランドで種類も豊富。薬局でも購入できる。

甘いカッテージチーズをチョコでコーティング。冷蔵ショーケースにおいてある。

147

甘い誘惑、ハンガリーのスイーツ

家庭でもつくられるやさしい味のお菓子から、
ハンガリーで生まれた上品な姿のトルタ(ケーキ)まで、
個性豊かなスイーツをお届けします。

デザート —————————————— Desszert
【デッセルト】

Somlói galuska
【ショムローイ・ガルシュカ】

スポンジケーキをラム酒がきいたシロップに浸し、チョコレートソース、クルミや生クリームをのせたデザート。店によってその味、盛り方はいろいろ。

Gesztenyepüré
【ゲステニェピュレー】

ラム酒入りのほのかに甘い栗のペーストを搾り出し、生クリームをトッピング。秋が旬のデザート。冷凍の栗ペーストも売っていて家庭でも一年中つくれる。

Palacsinta
【パラチンタ】

クレープ状に焼いた生地にジャムやチョコクリームなどをはさんだもの。市民公園の老舗レストラン「グンデル」が発祥のグンデル・パラチンタが有名。

トルタ —————————————— Torta
【トルタ】

Eszterházy torta
【エステルハージ・トルタ】

バニラクリームとクルミなどのナッツの入った薄い生地が重なり合うレイヤーケーキ。白いケーキの表面にチョコレートの模様があるのが特徴。

Dobos torta
【ドボシュ・トルタ】

チョコクリームと薄い生地が重なり合うレイヤーケーキで、いちばん上にカラメルでできた薄いスポンジがのっている。ハンガリーで生まれたケーキ。

Krémes
【クレーメシュ】

バニラやカスタードのクリームがパイ生地ではさまれているケーキで、中東欧各国で食べられている。見た目より軽く、意外にぺろりと食べてしまえる。

焼き菓子 — Sütemény 【シュテメーニィ】

Rétes 【レーテシュ】
紙のように薄くのばされた生地にリンゴやカッテージチーズ、サワーチェリーやケシの実などを巻いて焼いたパイ。

Linzer & Isler 【リンツェル＆イシュレル】
ジャムをはさんだクッキーで、オーストリアのリンツとバート・イシュルの地名が名前に。リンツェル（左）はなかのジャムが見えていて、イシュレル（右）はチョコレートがけ。

Kürtőskalács 【クゥルテーシュカラーチ】
生地をひも状にのばし筒状の型に巻きつけ焼いたもの。焼き上がりの表面はさっくり、なかはふんわり。トッピングも選べる。

Bejgli 【ベイグリ】
ハンガリーのクリスマス伝統菓子。クルミとケシの実の2種類があり、12月になると菓子店やベーカリーに並ぶ。

Pogácsa 【ポガーチャ】
塩気のきいたハンガリー版スコーン。チーズ味をはじめ、カボチャの種やジャガイモを生地に練り込んだものも。

コーヒー＆お茶メニュー

Kávé 【カーヴェー】
コーヒー。イタリア式のコーヒーマシーンでいれるのが主流

Eszpresszó／Presszó Kávé 【エスプレッソー／プレッソー・カーヴェー】
エスプレッソ

Hosszú kávé 【ホッスー・カーヴェー】
ロングコーヒー。エスプレッソの倍の水量で薄め

Cappuccino 【カプチーノ】
カプチーノ

Tejes kávé 【テイエシュ・カーヴェー】
ミルクコーヒー。牛乳多めのカフェ・オ・レ

Tea 【テア】
ティー（お茶全般）。種類が豊富なのでなにがあるか店の人に聞いてみて

Fekete tea 【フェケテ・テア】 紅茶

Zöld tea 【ゼルド・テア】
緑茶。フルーツの香りがついていたり、レモンと蜂蜜を入れたりして飲むことも

Gyümölcstea 【ジュメルチテア】
フルーツティー。乾燥した果物のお茶でカフェインフリー

Gyógytea 【ジョージテア】
ハーブティー。カモミールやミント、エルダーフラワーなど、レモンや蜂蜜を入れて飲むとおいしい。カフェインフリー

ワインとフルウッチ

ハンガリーはヨーロッパでも有数のワインの産地。貴腐ワインで有名なトカイ(Tokaj)、「牡牛の血」と呼ばれる赤ワインで知られるエゲル(Eger)など22の地域がワイン生産地に指定されています。白ワインならバダチョニ(Badacsony)やチョパク(Csopak)などバラトン湖周辺、ブダペスト近郊の町エチェク(Etyek)、赤ワインなら南部の町ヴィッラーニ(Villány)とセクサールド(Szekszárd)は上質なワインを生産することで知られています。

この地ならではのカジュアルな飲み方もあります。ワインをソーダ(炭酸水)で割るフルウッチで、夏の暑い日に心地よく喉をうるおしてくれます。おもしろいのは、ワインとソーダの割合によって呼び名が変わること。基本のフルウッチはワイン2：ソーダ1で、「大きなフルウッチ」という意味の「ナジフルウッチ(Nagyfröccs)」とも呼ばれます。それに対してワイン1：ソーダ1は小さなフルウッチ「キシュフルウッチ(Kisfröccs)」、ワイン1：ソーダ2になるとロングステップという意味の「ホッスーレーペシュ(Hosszúlépés)」など、いろいろな呼び名が。ハンガリー料理のレストランでは、グラスワインのかわりにフルウッチを注文することもできます。

1.日あたりのよい斜面に植えられているワイン用のブドウ。2.トカイにあるワインセラー。年間を通して温度に変化がない環境で、じっくりと熟成がすすむ。3.白ワインとロゼワインのフルウッチ、見た目も涼しげ。

ハンガリーの強力な地酒

果物の蒸留酒パーリンカ

パーリンカ(Pálinka)はプラムやアプリコットなどの果物からつくられる透明な蒸留酒。アルコール度は40度を超えますが、ショットグラスに注がれたパーリンカは一気に飲み干すのが一般的。レストランでは食後、消化の促進にすすめられることも。

ハンガリーの薬草酒ウニクム

18世紀末、宮廷に仕えていた医師によって調合された薬草酒ウニクム(Unicum)。アルコール度は40度。40種類のハーブが使われているというそのレシピは今でも門外不出。苦く、そして甘い黒い薬草酒はブダペストが誇るユニークな地酒です。

ハンガリーの手仕事と
伝統文化に触れる
Magyar kézművesség és népi kultúra

受け継がれていく
ハンガリーの手仕事

1.2.染色したたまごを削って模様を描いたイースターエッグ。ハートや鳥などハンガリーらしい図柄も愛らしい。
3.カゴ編みの実演。買いものカゴから箱や帽子まで自由自在に編み上げる。

ハンガリーに今でも伝わる伝統工芸の多くは、農耕や牧畜に従事していた村人の生活必需品としてつくられ発展しました。騎馬民族の末裔であるハンガリー人にとって馬は特別な動物。馬の蹄鉄をつくる鍛冶屋、馬具やベルト、ブーツなどをつくる革職人、そして四季を通して屋外で作業するのに必要な帽子など、仕事に必要な身のまわりの製品をつくる職人の多くは男性でした。大工や家具職人、陶工など家まわりの製品をつくる職人もそれぞれの村にいました。

　村の女性は糸を紡ぎ、布を織り、服や寝具などに縫い上げ、そこに美しい刺繍を施しました。刺繍やレース、ビーズなどで飾られたハンガリーの美しい民族衣装は、同じ地方の衣装でも村ごとに細かな細工の違いがあり、地元の人はその衣装を見ればどこの村の出身かわかるのだそう。民族衣装はつくり手、そして着る人のアイデンティティーの表現でもあり、それぞれが地方色豊かに発展し受け継がれてきたのです。

　ハンガリー伝統工芸の世界では父、祖父、曾祖父の頃から職人だったいう家族があります。家具職人の息子は家具職人に、陶工の息子は陶工に、その技術は引き継がれてきました。女性の手仕事だった織物や刺繍も母から娘へと伝えられ、その時代の新しい技術やエッセンスを取り入れながら、さらに華やかに、色あざやかになり現在に至ります。手から手へと伝えられてきた素朴であたたかみのある工芸品、その貴重な伝承文化は、この先もきっと時代を越えて受け継がれていくことでしょう。

4.木片を少しずつていねいに削り出して花をつくる木工職人。その出来栄えに多くの人が立ち止まっていた。5.花と鳥、ハンガリーの伝統的モチーフを描いた陶器。(写真はすべてフォークアート・フェスティバル P.158から)

> 花ほころぶ
> ハンガリー刺繡

色あざやかなハンガリーの刺繍は、細かな手仕事で時間をかけて縫い上げられる美しい伝統工芸。花がモチーフになることが多く、とくに有名なのはカロチャ刺繍とマチョー刺繍。どちらにも独自の世界観があります。

あざやかに広がる花束とパプリカ
カロチャ刺繍

　春の花畑のような明るい色合いが楽しいカロチャ刺繍。ブダペストから南に約120km、ドナウ川沿いにある小さな町カロチャに伝わる伝統工芸です。モチーフとなる花はチューリップ、バラ、スミレ、ナデシコ、忘れな草、矢車草など、赤い花のまわりにピンクや水色、黄色など軽やかな色の花が散りばめられます。ほかにパプリカもこの土地ならではのモチーフ。カロチャはハンガリー料理に欠かせないパプリカパウダーの名産地で、秋になると軒先に収穫された真っ赤なパプリカが吊り干しされています。そんなパプリカも、花のブーケのなかに一緒に刺繍されることがあります。

　カロチャ刺繍では赤、ピンク、黄色、水色、薄紫、緑、それぞれの色で刺繍された花や葉が濃淡をつけた2色で表現されています。こうすることで花のフォルムがより立体的に、そしてぽってりとかわいらしく見えるのです。花の刺繍は手仕事ですが、刺繍された生地を透かし模様の入ったレースに仕立てる工程にはミシンを使います。この技術も素晴らしく、一枚の布がさらに立体的な作品へと仕上げられていきます。これらカロチャ特有の花のデザインは刺繍だけでなく、陶器の絵付けや壁に描かれるモチーフにもなります。

1

1. 花模様の刺繍が入った布に、ミシンをかけて透かし模様を入れる工程。 2. いちばん大きな花は赤いバラ。それぞれの花が濃い色と薄い色の刺繍糸を使い表現されている。レース部分は元々一枚の白い布だった。 3. フォークアート・フェスティバルでは、美しい衣装を着用して刺繍の実演を見せてくれる。 4. パプリカ入りの刺繍。

大輪のバラがいっせいに咲きほこる
マチョー刺繍

マチョーと呼ばれる人々が暮らし、マチョー刺繍の発祥であるマチョーフェルド（マチョーの土地）は、ブダペストから約130km東にある町メゼーケヴェシュドとふたつの村からなります。濃厚な色彩が凝縮された刺繍は民族衣装やテーブルクロス、枕カバーなどに施され、古くからこの地方の生活にあざやかな色を加えてきました。

18世紀後半から19世紀にかけては、白地のリネンに白い糸のステッチとカットワークの入った刺繍がハンガリーでは一般的でした。マチョーでは1870年頃から赤と青の綿糸での刺繍が流行し、後にそこに黄色が加わります。マチョー刺繍の伝統的なモチーフである「マチョーのバラ」もこの頃から刺繍されるようになり、ハートのバラ、チューリップや花のツボミなど、現在のマチョー刺繍にも見らえるさまざまなモチーフが生まれました。19世紀末にはさらに色数の多いウールの糸やシルクの糸が使われるようになり、マチョーの刺繍は一段とカラフルに。マチョーはほかの地方と同様に農耕と牧畜が盛んだった土地で、男たちは時に長期にわたり牛を追いながら家を空け、女性たちが留守を預かりました。そして日々の生活のなかで少しずつ刺繍をさし、晴れの日に着る美しい民族衣装をつくりました。嫁入り前の女性はテーブルクロスなどに刺繍し、それらは嫁入り道具となったのです。

1. 制作途中のマチョー刺繡。下絵にそって正確に針を進めていく。マチョー刺繡はユネスコ無形文化遺産に登録されている。2. フォークアート・フェスティバルで展示されていた作品。黒い布を使用するのもマチョー刺繡の特徴のひとつ。3. マチョーのバラを中心に色とりどりのつぼみや小花が散りばめられている。

4. 18〜19世紀初頭につくられていた白い刺繡は、幾何学模様と細やかなカットワークが特徴。5. 19世紀中頃に主流だった赤と青の刺繡。マチョーのバラの原型が見られる。6. フォークアート・フェスティバルでマチョーの伝統工芸を紹介する女性。

＊写真3、4、5の作品は、刺繡家でメゼーケヴェシュド・フォークアート協会のアートディレクターでもあるゼレイネー・パプ・ベルナデットさん(Zeleiné Pap Bernadett)さんが制作したもの

フォークアート・フェスティバル

　8月20日はハンガリーでもっとも重要な祝日のひとつ、建国記念日。聖イシュトヴァーンの日、そして今年収穫した麦でつくられた最初のパンを祝う日でもあり、日が暮れるとドナウ川に盛大に花火があがります。この祝日を含む数日間、ブダ王宮の丘にハンガリー各地の伝統工芸の職人が集まり、素朴で味わいのある手工芸品の数々を展示販売します。

　一日では見きれないほどの出店が並び、制作工程の実演も多く、革細工にカゴ編み、木工職人や鍛冶屋などが熟練した技を披露しています。糸や毛糸を紡ぐ糸車、織り機などを会場に運び入れ、あざやかな手さばきを見せる職人も。枕のような台に無数の針がうたれていて、細い糸を絡めて編む「チブケ」と呼ばれるレース編みは、その細やかな作業に思わず見入ってしまいます。つくり手から直に工芸品が購入できる絶好の機会でもあり、訪れた人があちこちで職人とのおしゃべりを楽しみながら散歩しています。この8月20日の祝日が過ぎる頃には、秋の訪れを感じさせる天候の日が増えてくるブダペスト。夏の終わりをブダ王宮でゆっくりと楽しめるフェスティバルです。

1.出店が軒を並べた通り。ステージもつくられて民族音楽のコンサートもある。
2.ハンガリー北部、ヘヴェシュ地方で制作されている織物。

Mesterségek Ünnepe
| 伝統工芸の祭典

ブダ王宮て開催
www.mestersegekunnepe.hu
8月20日を含めた数日間
| MAP ▶ P.12 B-2 |

3

3.種類もサイズも豊富なバスケットが山積みに。街灯もディスプレイの一部に。

4.羊毛フェルトの制作風景。専用のニードルを細かく刺して織り上げていく。5.伝統的な文様のフェルト細工をあしらったショルダーバッグ。6.レース編み「チプケ」の実演。昔はブラウスの袖口や襟の装飾に使われた。7.手づくりの陶器を並べた店。発色があざやか。8.藍染めはハンガリーにも古くからある染色の技法。生地に模様をつける型を見せてもらう。

159

伝統文化のリバイバル、ターンツハーズ

　1970年代、ハンガリー各地の農村や、現ルーマニア西部のトランシルヴァニア地方(※)を訪ね歩き、そこに伝わる民族音楽と踊りを収集していた若きフォークミュージシャンたちがいました。彼らは村の音楽家から学んだ音をブダペストに持ち帰り、村に伝わる民族音楽を演奏して踊る「ターンツハーズ（ダンスハウス）」のムーブメントを生み出しました。時は共産主義時代。文化や芸術にも国からの規制がかかり、自由な表現が限られていた時代で、ハンガリー人としてのアイデンティティーを伝統文化に見出すというターンツハーズのムーブメントは、アンダーグラウンドな運動でもありました。その伝統のリバイバルは40年にわたって受け継がれ、2011年にはユネスコ無形文化遺産に登録されました。現在でも世代を問わず多くの人が通うターンツハーズは、文化センターやライブハウスなどで定期的に開かれています。

　ターンツハーズでは弦楽器を中心としたバンドの生演奏で踊ります。演奏はゆっくりしたリズムではじまり、スローな曲にあわせてダンスフロアで次々とカップルが踊りはじめます。少しずつテンポや調を変え、徐々にスピードが上がり、ダンスフロアの盛り上がりもピークに達すると、くるくるとターンを続ける女性たちのスカートが花のように開きます。踊らなくても、伝統音楽の生演奏を聞きながら息のあったダンスを踊る人々の姿を見るだけでも楽しめます。

※現ルーマニアのトランシルヴァニア地方は第一次世界大戦までハンガリーの国土の一部だったこともあり、ルーマニアに割譲された現在でも多くのハンガリー人が住んでいる

ミュージシャンは踊る人を見ながら曲調やテンポを変え、ダンスフロアを盛り上げていく。

民族音楽をライブで聴く
Fonó | フォノー

工場跡地にオープンしたライブハウスで、ターンツハーズを毎週水曜に開催しています。民族音楽だけでなく、ジャズやワールドミュージックなどのコンサートも。CDショップも併設していて、ハンガリーの村で収集した音楽をリリースした自社レーベルも。

Sztregova utca 3／TEL.(1) 206-5300
www.fono.hu
10:00（土曜14:00）〜21:00、日曜休
※当日のプログラムにより変更あり
ターンツハーズ毎週水曜19:00〜
ターンツハーズ入場料：2500Ft
| MAP ▶ P.10 C-2（MAP外）|

1. バイオリンとビオラ、コントラバスと弦楽器だけで構成されたバンド。
2. 隣の部屋にバーカウンターがあるので、ドリンクを買い、空いている席について音楽を聴くことができる。昼間はカフェとしても営業中。

一年に一度、ターンツハーズの集い

毎年春にターンツハーズタラールコゾー（Táncháztalálkozó）というイベントが開催されています。タラールコゾーとは「集いの場」という意味で、ハンガリー各地から民族音楽と踊りを愛する人々が一年に一度ブダペストに集結。ステージではプロのダンサーのショー、ダンスの講習会やレクチャー、さらにターンツハーズやコンサートが開かれ、夜までにぎわう大規模なフェスティバルです。民族衣装や楽器、伝統工芸品などを売る出店も会場に並び、村から直接売りにくる人も多いフリーマーケットでは民族衣装や民芸品が売られています。

1. 学校や地域のダンスグループも参加していて、そろえて着ている民族衣装も素敵。
2. バンドの演奏がはじまると人が集まり、ダンスがはじまる。詳細はサイトで確認を。
tanchaztalalkozo.hu

▶▶▶▶ ブダペスト旅のヒント

日本からハンガリーへ

　2025年1月現在、日本からハンガリーへの直行便はありません。パリ、ミュンヘン、フランクフルト、チューリッヒなどヨーロッパ主要都市で乗り継ぎブダペストへ。ほかにソウル、上海、イスタンブールでブダペスト行きの直行便に乗り換えるルートもあります。日本からヨーロッパへの直行便の所要時間は場所や機体にもよりますが、だいたい13〜15時間。ヨーロッパ各都市からブダペストまでは1時間半〜2時間ほどかかり、乗り継ぎの待ち時間を含めると最短でも16時間は要する長旅になります。到着した夜は無理をせずホテルでゆっくりと睡眠を取ると、翌日は時差ボケをあまり感じることなく観光に出かけられるでしょう。

空港から町へ

　ブダペスト中心部の南西約20kmに位置するブダペスト・リスト・フェレンツ国際空港。ターミナルは中央のビルをはさんでAとBに分かれていて、1階が到着、2階が出発フロアです。両ターミナルとも両替所やATMを完備、Wi-Fiも無料。

ブダペスト・リスト・フェレンツ国際空港
(Budapest Liszt Ferenc Nemzetközi Repülőtér)
TEL.(1)296-7000／www.bud.hu

エアポート・エクスプレス

　バス100E番が空港からメトロM3、M4線のカールヴィン広場（Kálvin tér）駅、M2線のアストリア（Astoria）駅を経由して、デアーク・フェレンツ広場まで運行。デアーク・フェレンツ広場から空港へはカールヴィン広場駅のみ経由します。料金は2200Ft、乗車券は空港内BKKカウンターか自動券売機で購入します。乗車時に携帯電話やクレジットカードによるタッチ決済での支払いも可。

タクシー

　空港で客待ちができるタクシー会社は、フェータクシー1社のみ。到着フロアの外に出ると、タクシースタンドがあります。料金はメーター制でペスト側の中心部まで12000〜14000Ft、30〜40分ほどで到着します。町から空港へ向かう際は電話でタクシーを呼びます。ほかのタクシー会社の利用もOK。

※フェータクシーの問い合わせ先はP.165参照

バスとメトロ

　ターミナルAとBの間にバスの停留所があり、バス200E番がメトロM3線の終点ケーバーンヤ・キシュペスト（Kőbánya-Kispest）駅まで運行。所要約25分。ケーバーンヤ・キシュペスト駅からデアーク・フェレンツ広場（Deák Ferenc tér）駅まではメトロで約20分。

※2025年中に、ETIAS（ヨーロッパ渡航認証システム）が導入される予定で、ハンガリー入国時も必要。渡航前に最新情報の確認を

エアポートシャトル

ミニバスに数人の利用者を乗せ、それぞれの目的地に順に向かいます。料金は市中心部まで片道8990Ft〜。空港からの距離によって違い、往復や複数での購入には割引も。空港カウンターのほかサイトでも購入可。市内から空港までは予約が必要で指定の時間、場所でピックアップしてくれます。

ミニ・ブゥド
(MiniBUD)
TEL.(1) 550-0000
www.minibud.hu

ブダペスト市内の交通

切符の種類

ブダペスト市内を走るメトロ、トラム、バス、トロリーバス、ヘーヴはブダペスト交通センター（BKK）が運営していて、切符は共通。駅や停留所に設置された券売機や、駅の窓口で購入できます。券売機のないトラムの停留所もあるので、切符は少し多めに購入しておくか、滞在期間にあわせて各種あるデイリーチケットやパスを利用すると便利。わからないことがあったら、ブダペスト市内交通のインフォメーションもかねているデアーク・フェレンツ広場の地下メトロ入り口にあるチケットオフィスへ（MAP▶P.14 C-1）。

メトロの駅やトラムの停留所には日本のように改札が設置されていません。シングルチケットを利用する場合、メトロは駅やホームの入り口で、トラムやバスでは車内で刻印機に切符を入れ、日時を印字する必要があります。検札員が定期的に車内をまわっていて、有効な切符を所持していない場合はその場で12000Ftの罰金が課されるので注意が必要です。

ブダペスト交通センター（BKK）
www.bkk.hu

シングルチケット（Vonaljegy）	450Ft

刻印してから80分有効の切符。メトロ間の乗り換えはシングルチケットでもできますが、メトロからバスやトラムへ、バスからバス、トラムからトラムなどの乗り換えには使用できません。その場合30分券か90分券を利用するか、もう1枚シングルチケットが必要になります。バスに乗車して運転手からシングルチケットを購入する際は600Ft

30分券(30 perces jegy)	530Ft
90分券(90 perces jegy)	750Ft

10枚回数券(10 db-os gyűjtőjegy)	4000Ft

シングルチケット×10枚

デイリーチケットとパス

24時間券(24 órás jegy)	2500Ft
72時間券(72 órás jegy)	5500Ft

半月(15日)券 (Félhavi (15 napos) Budapest-bérlet)	5950Ft

購入時にパスポートが必要。パス使用時にも携帯し、検札員に求められたら提示します

メトロ

4線のメトロ（地下鉄）が走っていて、路線図にはM1線は黄色、M2線は赤、M3線は青、M4線は緑で表記されています。改札はありませんが、ホームの入り口には切符に日付と時間を入れる刻印機があり、係員が立っている駅ではその切符を提示します。M1線、M2線、M3線の3路線はデアーク・フェレンツ広場（Deák Ferenc tér）駅で交差し、M4線は東駅でM2線と、カールヴィン広場（Kálvin tér）駅でM3線と乗り換えができます。10年ほど前に開通したM4線は各駅で違う内装が話題に。1日券を利用して、駅をめぐってみるのも楽しいかもしれません。

トラム

黄色い車体のトラムは、ペストから橋を渡ってブダに続く環状通りやドナウ川の両岸など、観光にも便利な路線があります。改札はなく、乗車の際に車内に設置してある刻印機で切符に日時を入れます。4番、6番など新しい車両が導入されているトラムは、ドアにあるボタンを押すとドアが開きます。

バス、トロリーバス

青い車体のバスはブダ王宮やゲッレールトの丘など、ブダの観光に便利。バスは前のドアから乗車して、切符に刻印し運転手に提示します。次の停留所で降りたい時は、降車ボタンを押します。

ペストには赤い車体のトロリーバスが走っています。観光にはあまり利用する機会がないかもしれませんが、トロリーバスが行き交う風景はどこかノスタルジックでちょっと乗ってみたくなるかもしれません。

アプリ BudapestGOも 便利

ブダペスト交通センターがBudapest GOというアプリを提供していて、英語版もあり、アプリ上で各種チケットを購入できます。シングルチケット、30分券、90分券を使用する場合、メトロは刻印機、トラムとバス、トロリーバスは扉の横にあるQRコードを読み取り有効化します。24時間券、72時間券などのデイリーチケットは、購入の際にアプリ上でパスポート番号を入力する必要があります。バス、トロリーバスの乗車には、シングルチケット同様にQRコードを読み取り、運転手に提示します。メトロとトラムはホームや車内に検札員がいる場合、有効なデイリーチケットを提示します。

郊外列車HÉV（ヘーヴ）

郊外の町とブダペストをつなぐHÉV。始発駅は市内4か所にありますが、観光に利用することになるのは、M2線の駅があるバッチャーニ広場（Batthyány tér）始発のセンテンドレ行きH5線と、M2線のペスト側の終点駅エルシュ・ヴェゼール広場（Örs vezér tere）始発のゲデレー行きH8線でしょう。どちらもブダペスト市内を走っている時は通常のシングルチケットやパスが有効ですが、市外に出ると追加料金が発生します。たとえばセンテンドレまでは、シングルチケット（450Ft）＋15km追加チケット（450Ft）が必要になります。追加チケットは事前に窓口で購入します。

タクシー

黄色い車体とナンバープレートが義務づけられています。料金はメーター制で初乗りが1100Ft、1kmごとに440Ft、待ち時間1分110Ftと市が規定しています。それでもメーターに細工をしているらしい個人タクシーなどもまぎれているので、通りで客待ちをしているタクシーを利用する際は注意を。会社名と電話番号がドアに記載されているタクシーを選びましょう。

また、ボルトやウーバーなどの配車アプリを使用したタクシーも便利。料金は規定のメーター制なので安心して乗車できます。

フェータクシー（Fōtaxi）
TEL.（1）222-2222／www.fotaxi.hu

シティ・タクシー（City taxi）
TEL.（1）211-1111／www.citytaxi.hu

ボルト（Bolt）www.bolt.eu

ウーバー（Uber）www.uber.com

お金

現金

ハンガリーで使用されている通貨はフォリント（Forint）。HUFやFtと表記されます。硬貨は5、10、20、50、100、200フォリント、紙幣は500、1000、2000、5000、1万、2万フォリントが発行されています。

現在使用されているいちばん小さな硬貨は5フォリントですが、スーパーや市場では1フォリント単位で値段が表記されています。この場合、少々ややこしいのですが最後の1桁が1、2の場合は0に切り下げ、3、4は5に切り上げ、6、7は5に切り下げ、8、9は0に切り上げられます。たとえば支払い時、102フォリントは100フォリントに、103フォリントは105フォリントになります。また、2万フォリントの高額紙幣はおつりがないといわれることがあるので、くずせる時にくずしておきましょう。

クレジットカード

レストラン、カフェ、ショップなど、ほぼどこでも使用可能です。タッチ決済も普及していて、対応している携帯電話やクレジットカード、海外対応のデビットカードを持っていると便利。

ただし、市場や蚤の市などではカードを使用できない店もあるので、ある程度の現金の準備もしておくと安心です。

ATM利用

必要なだけ現地通貨を引き出せるATMはとても便利。海外対応のデビットカードやクレジットカードが24時間いつでも利用できます。銀行の入り口にあるATMは営業時間外はドアがロックされているので、使用するカードをドアに設置された機器に通してドアを開けます。

両替

市中心部の両替所では日本円からの両替にも対応しています。両替の際には数パーセントのコミッションが取られます。表の看板にほかの両替所よりかなりいいレートを出しているところは要注意。そのレートは高額の両替のみに適用され、通常のレートは店内に表示があり率が悪いことも。銀行でも両替できるので、町の両替所が不安な人は銀行へ。

フォリントから日本円への再両替は、その両替所に日本円があれば対応してもらえます。もしも日本円がない場合はユーロやドルに再両替しておくと、帰国してから日本円に換金しやすいでしょう。

チップ

ハンガリーにはレストランやカフェ、タクシーなどのサービス業に対してチップの習慣があります。精算の際にだいたい10〜15%を目安に上乗せして支払うといいでしょう。チップをテーブルに残していく習慣はありません。

観光客の多いレストランやカフェでは、サービス料（Szervizdíj）として10〜15%ほどを最初から上乗せして計算する店も多いです。予想より金額が大きかった場合などは店員に確認してみましょう。サービス料がすでに含まれている場合は、チップを上乗せする必要はありません。

水

水道水は飲めますが、心配な人はミネラルウォーターを。ハンガリーの水は硬水なので、味がやや気になる人もいるかもしれません。地下水の豊富なハンガリーでは、炭酸入りのミネラルウォーターが多く飲まれています。ハンガリー産のミネラルウォーターは、青いラベルとキャップは炭酸入り、ピンクは炭酸の入っていない水です。緑のキャップの微炭酸や、フルーツなどのフレーバーがついた水もあります。

電圧とプラグ

ハンガリーの電圧は220V。日本から持参した機器が100〜240V対応型でない場合は変圧器が必要です。プラグの形は丸型のピンがふたつ並んだC型。携帯電話やカメラの充電器用に日本から変換プラグを持ってくることをおすすめします。

トイレ事情

トイレはWC（ヴェーツェー）、もしくはMosdó（モシュドー）。鉄道駅や市場に有料の公衆トイレがあります。街角にも設置されていますが、閉まっていたり、壊れていたりすることも。街歩きの途中でトイレに行きたくなったら、休憩をかねてカフェなどに立ち寄ったほうがいいでしょう。「トイレはどこですか？」は「Hol van a WC?（ホル ヴァン ア ヴェーツェー？）」。女性用には「Női」や「Hölgyek」のサインがドアに。

通信手段

多くの飲食店が無料のWi-Fiを提供していて、ネットワーク名とパスワードが壁のポスターやメニューに書いてあります。わからない時は店員に聞いてみて。ホテルやアパートメントホテルでも無料Wi-Fiが用意されているので、チェックイン時にネットワーク名とパスワードの確認を。

ハンガリーの大手通信会社は、旅行者向けにデータ通信専用のSIMカードを販売しています。空港ではターミナルBの到着ホールにT-Mobileのカウンターが、市内ではデアーク・フェレンツ広場にOneの店舗があります。旅行者の対応に慣れていて、SIMカードを購入するとすぐ使えるように設定してくれます。また、eSIM対応のスマートフォンを利用している場合、海外旅行向けのeSIMアプリの利用も便利。

気候と服装のアドバイス

四季がしっかりあるブダペスト。冬は氷点下になるほど冷え込む日もあり、夏は熱波が到来すると連日30度を超えます。日本との大きな違いは乾燥していること。暑い日でも湿度が低いので日陰では比較的過ごしやすく、朝晩は肌寒いくらいになることも。真夏に旅行する場合もカーディガンなどの羽織ものは必要です。数日の間に気温が大きく変わることもあるので、重ね着できる服装が便利。湿度が低いと気温が高くても日本ほど暑く感じないかもしれませんが、水分補給は忘れずに。肌や唇がかさかさに感じることもあるので保湿も十分に。冬は厚手のコートに加えて帽子、マフラー、手袋も必需品です。

治安

ヨーロッパの都市のなかでも比較的治安が安定しています。もっとも気をつけたいのはスリや置き引きなどの盗難。ブダ城地区などの観光名所では、貴重品はバッグのすぐには取り出せない場所に。財布やスマートフォンなど身のまわりの持ちものには絶えず細心の注意を払ってください。夜に街中を歩いていて危険を感じることはあまりないと思いますが、深夜に人通りのない暗い道を歩くのは念のため避けたほうが安心。EU加盟国共通の緊急通報番号「112」は、警察、救急、災害などすべてに対応しています。

在ハンガリー日本国大使館
(Magyarországi Japán Nagykövetség)

Zalai út 7
TEL.(1) 398-3100、
(1) 255-0334(開館時間外の緊急連絡先)
www.hu.emb-japan.go.jp
9:00〜12:30、13:30〜16:00(領事窓口受付時間)、土日曜・祝日休
| MAP ▶ P.10 B-1 |

主な祝祭日(2025年)

1月1日	新年
3月15日	1848年ハンガリー革命記念日
4月18日	聖金曜日*
4月20、21日	イースター*
5月1日	メーデー
6月8、9日	聖霊降臨祭*
8月20日	建国記念日、聖イシュトヴァーンの日
10月23日	1956年ハンガリー革命記念日
11月1日	万聖節(諸聖人の日)
12月25、26日	クリスマス

※ *は移動祝祭日
※上記のほかに2025年5月2日、10月24日、12月24日は振替休日

ワンポイト ハンガリー語

ハンガリーの公用語はハンガリー語（マジャル語）。
観光客が多い場所では英語もよく通じますが、
あいさつや感謝の言葉などをハンガリー語で覚えておいたら、
よろこんでもらえる場面がきっとあるはずです。

ヨー ナポト キーヴァーノク
Jó napot kívánok （こんにちは）

＊「ヨー」が「よい」、「ナポト」が「日を」、「キーヴァーノク」が「願っています」の意味。「キーヴァーノク」まで入れたほうがていねいだけれど、長くていいづらければ省略してもOK

セルヴス または シア
Szervusz / Szia

複数人に向けていう場合は、

セルヴストク または シアストク
Szervusztok / Sziasztok
（こんにちは〈親しい人に〉）

＊現地では非常にポピュラーな言葉で、会った時、別れる時どちらにも使う。ハンガリーに友達ができたら「セルヴス！」「シア！」と声をかけてみよう！

ヴィソントラーターシュラ
Viszontlátásra （さようなら）

ヨー レッゲルト キーヴァーノク
Jó reggelt kívánok （おはようございます）

＊「キーヴァーノク」は省略してもOK

ヨー エシュテート キーヴァーノク
Jó estét kívánok （こんばんは）

＊「キーヴァーノク」は省略してもOK

ヨー エーイサカート
Jó éjszakát （おやすみなさい）

イゲン／ネム
Igen / Nem （はい／いいえ）

ケセネム セーペン
Köszönöm szépen （ありがとうございます）

＊「セーペン」までいれたほうがていねいだけれど、省略してもOK

ボチャーナト／エルネーゼシュト
Bocsánat / Elnézést
（ごめんなさい／すみません）

＊謝る時以外に、道行く人に質問をする時や道を開けてもらいたい時などにも使える

ヤパーン ヴァギョク
Japán vagyok （私は日本人です）

ホル？
Hol? （どこ？）

メンニベ ケリュル？
Mennyibe kerül? （いくらですか？）

ドラガ／オルチョー
Draga / Olcsó （〈値段が〉高い／安い）

セープ
Szép （美しい）

フィノム
Finom （おいしい）

ベヤラート／キヤーラト
Bejárat / Kijárat （入り口／出口）

0	1	2	3
ヌッラ	エジ	ケッテー	ハーロム
nulla	egy	kettö	három
4	5	6	7
ネージ	エト	ハト	ヘート
négy	öt	hat	hét
8	9	10	
ニョルツ	キレンツ	ティーズ	
nyolc	kilenc	tíz	

ブダペスト カレンダー

ブダ王宮の丘、トート・アールパード遊歩道の八重桜が満開に。

Tavasz — 春
タヴァス

カフェのテラスに人が集まる季節。自家製レモネードは夏の定番。

スノードロップや黄色いレンギョウの花を見かけるようになると春はすぐそこ。3月最終の日曜に時計の針が1時間進み、夏時間になります。ブダペストも花の咲く季節、街は明るさを増し、カフェやレストランは店先にテラス席を準備します。春の一大イベントはイースター。帰省し家族と祝ったり、行楽に出かけたり、楽しみいっぱいの連休です。

Nyár — 夏
ニャール

街路樹の新緑があっという間にあざやかな緑に。日照時間がのびて6月は夜8時を過ぎても空に明るさが残ります。夏至近辺の週末には「ミュージアムの夜」が開催され、市内100か所を超える博物館などの施設に夜まで入場できます。8月には、ドナウ川にあるオーブダ島でヨーロッパ最大級の音楽フェス「シゲト・フェスティバル」が開催されます。

Ősz — 秋
エース

マルギット島の秋色に染まった大木。風が吹くと落ち葉が舞う。

夏休みが終わり、オペラなどの文化プログラムは新シーズンがスタート。ワインフェスティバルなど週末には多くのイベントも開催されます。10月最終の日曜には時計の針が1時間戻り冬時間に。その頃には木々も黄色く色づき、午後4時過ぎには日が暮れます。11月1日、諸聖人の日にはお墓参りの習慣があり、墓前に花とキャンドルを飾ります。

Tél — 冬
テール

国立オペラ座。12月はバレエ「くるみ割り人形」が上演される。

クリスマスは家族と過ごす祝日。ブダペストが一年でいちばん静かになる日でもあります。街に静寂が訪れるクリスマスにくらべて、年末はにぎやかに。シルヴェスター（大晦日）は年越しの時間が近づくと街のあちこちから花火の音が響いてきます。1、2月は寒さのきびしい季節。雪が降ったり、寒波が続くとドナウ川に氷が流れることもあります。

Budapest

ブダペスト

見る、楽しむ

アクインクム	遺跡、博物館	P.99
ヴァーチ通り	通り	P.45
ヴァールケルト・バザール	庭園	P.25
ヴァシャレイ博物館	博物館	P.102
ヴァルガ・イムレ・コレクション	ギャラリー	P.102
エルジェーベト展望台	展望台	P.127
エルジェーベト橋	橋	P.35
応用美術館	美術館、見どころ	P.122
(旧)郵便貯金局	見どころ	P.123
漁夫の砦	展望台	P.26
金の鷲薬局博物館	博物館	P.26
鎖橋	橋	P.36
グル・ババの霊廟	霊廟	P.31
ゲッレールト温泉	温泉	P.118
ゲッレールトの丘	丘	P.32
ゴシュドゥ・ウドヴァル	パッサージ	P.84
国会議事堂	見どころ	P.41
子ども鉄道	鉄道	P.127
市民公園	公園	P.74
自由橋	橋	P.34
首都サボー・エルヴィン図書館	図書館	P.95
聖イシュトヴァーン大聖堂	大聖堂	P.40
セーチェニ温泉	温泉	P.119
チェアリフト	リフト	P.127
地下鉄博物館	博物館	P.63
ドハーニ通りシナゴーグ	シナゴーグ	P.80
西駅(ニュガティ・パーイアウドヴァル)	駅	P.62
ハンガリー音楽の家	コンサートホールなど	P.75

ハンガリー国立オペラ座	劇場	P.64
ハンガリー国立ギャラリー	美術館	P.25
ハンガリー国立地質研究所	見どころ	P.123
ハンガリー国立博物館	博物館	P.95
ハンガリー貿易と観光の博物館	博物館	P.100
フォノー	ターンツハーズ	P.161
マーチャーシュ教会	教会	P.26
マイ・マノー・ハーズ	ギャラリー、カフェ	P.67
マジャル・フォトグラーフショク・ハーザ	ギャラリー	P.67
マルギット島	島	P.35
マルギット橋	橋	P.35
民族博物館	博物館	P.75
メメント・パーク	彫刻公園	P.128
ラート・ジェルジィ・ヴィッラ	邸宅、博物館	P.124
リスト・フェレンツ音楽アカデミー	音楽院	P.65
リスト・フェレンツ記念博物館	博物館	P.66
ルカーチ温泉とプール	温泉	P.121
ルダシュ温泉	温泉	P.120
レゲンダ	クルーズ	P.37
ロート・ミクシャ記念館とコレクション	邸宅、博物館	P.125
ロバート・キャパ現代写真センター	ギャラリー	P.67

買う

アンティック・バザール	アンティーク	P.89
アンティック・ブラッツ	アンティークマーケット	P.112
アンナ・アンティクヴィターシュ	アンティーク	P.48

エアロン	洋服、服飾品	P.69
Ｔスカ	洋服、服飾品	P.86
エチェリ市場	蚤の市	P.111
クラウザール広場市場	市場	P.146
ゴジュドゥ・ウィークエンド・マーケット		
アンティーク＆デザイン雑貨マーケット		P.85
ジョルナイ	陶磁器	P.47
シンプラ・ハーズターイ・ピアツ		
ファーマーズマーケット		P.82
シンプラ・デザイン・ショップ		
アンティーク、雑貨		P.89
中央市場	市場	P.144
ティサ・シューズ	スニーカー	P.87
デーエム	ドラッグストア	P.59
伝統工芸の祭典	伝統工芸品	P.158
ヌブ	洋服、服飾品	P.68
パウザ	雑貨	P.48
パゴニィ	本	P.115
ハロー・ピアツ	デザイン雑貨マーケット	P.113
パロマ・アートスペース		
洋服、アクセサリー、デザイン雑貨		P.51
フォークアート・ケーズムーヴェシュハーズ		
伝統工芸品		P.44
ブダイ・ジブヴァーシャール	蚤の市	P.110
フニャディ広場市場	市場	P.146
プリンタ	デザイン雑貨	P.88
ヘレンド	陶磁器	P.46
ボモ・アート	文房具	P.45
ボルタールシャシャーグ	ワイン	P.70
ミュッレル	ドラッグストア	P.59
ルドヴィカ	セカンドハンドの洋服、服飾品	P.87
ロージャヴェルジィ・チョコラーデー		
チョコレート		P.49
ロスマン	ドラッグストア	P.59
ロドデンドロン・アート＆デザイン・ショップ		
デザイン雑貨、洋服、服飾品		P.53
ワンプ	デザイン雑貨マーケット	P.113

食べる

アウグスト・ツクラースダ	カフェ（菓子店）	P.56
アラーン・ベーカリー	ベーカリー	P.90
エシェルニェーシュ	カフェ	P.103
カダルカ・ワインバー	ワインバー	P.72
カフェ・ブランチ・ブダペスト	カフェ	P.72
ケーリ・ヴェンデーグレー		
レストラン（ハンガリー料理）		P.104
ケーレヴェシュ	レストラン（ハンガリー料理）	P.93
ケーレヴェシュ・ケルト	ガーデンバー	P.83
ゲットー・グヤーシュ		
レストラン（ハンガリー料理）		P.94
サモシュ・グルメ・ハーズ	カフェ（菓子店）	P.56
シェ・ドド	マカロンなど	P.55
シンプラケルト	廃墟バー	P.81
タコ	タコス	P.54
テレクメーズ	カフェ	P.31
フェケテ	カフェ	P.54
フソンエジ	レストラン（ハンガリー料理）	P.29
フレイヤ	クロワッサン、カフェ	P.91
ボジョニ・キシュヴェンデーグレー		
レストラン（ハンガリー料理）		P.97
マッショリト・ブックス＆カフェ	カフェ	P.92
ムーヴェース・カーヴェーハーズ	カフェ	P.71
メンザ	レストラン（ハンガリー料理）	P.73
ラーチケルト	ガーデンバー	P.83
ルスヴルム	カフェ（菓子店）	P.28
ローマ・エーテルバール		
レストラン（ハンガリー料理）		P.27

泊まる

クイーンズ・コート・ホテル		
アパートメントホテル		P.107
ゲルローツィ・ブティック・ホテル	ホテル	P.106
ゴジュドゥ・コート・ブダペスト		
アパートメントホテル		P.108
バルタザール	ホテル	P.108
マガジン	ホテル	P.105

おわりに

この本を最初に書かせていただいたのは、もう9年も前のこと。情報をアップデートした最新版の出版が6年前。それから、時が止まってしまったような数年間を経て、今またブダペストの街には世界中から来訪する人々の姿があります。

17世紀、18世紀、19世紀、20世紀——歴史を語る時に100年ごとに区切って想像をふくらませていますが、そう考えると私がこの街にいる20年あまりは、ほんの小さな時のかけらでしかないことに気づかされます。どんなことがあっても途切れることのない時間と、そこ織り込まれていく歴史のなかで。

20世紀から21世紀にかけて生きている私は、19世紀から20世紀にかけてのブダペストに思いをめぐらします。

今もある建物が写ったモノクロームの古い写真を手にした時、築100年を超える集合住宅にある石の階段が、踏まれた部分だけ微妙にすり減っているのを見た時、すぐそばに100年前の気配をふと感じて、そこに生きた人々の日常を思い描く……ブダペストはそんな勝手な空想を自由に楽しませてくれる街です。

時が止まってしまったような数年間と書きましたが、その間もブダペストは着実に時を前に進めていました。2022年にはオペラ座が5年にわたる改装工事を終え再オープン。2023年には鎖橋の修復工事が完了し、橋を守るライオンの像もきれいに磨かれ2年ぶりに開通しました。小さな変化を重ねる美しい古都ブダペスト。本書を手に取ってくださった方が、この街に足を運んでくれたら、そして街歩きのお手伝いが少しでもできれば、と心から願っています。

改訂版を出版する機会をつくってくださったイカロス出版の鈴木さん、今回も最後まで支えていただき本当にありがとうございました。また取材に協力してくださったみなさん、イカロス出版関係各位の方々にも、この場を借りてお礼を申し上げます。そして、私を見守り続けてくれる東京の家族と、ブダペストの暮らしを笑いの絶えないものにしてくれる夫にも感謝の気持ちを伝えたいと思います。

鈴木文恵

旅のヒントBOOK　新たな旅のきっかけがきっと見つかるトラベルガイドシリーズ　A5判

最新版 ナポリとアマルフィ海岸周辺へ 魅惑の絶景と美食旅
定価1,980円

美食の街を訪ねて スペイン&フランス バスク旅へ 最新版
定価1,980円

BEER HAWAI'I 極上クラフトビールの旅 ハワイの島々へ
定価1,760円

愛しのアンダルシアを旅して 南スペインへ
定価1,870円

最新版 スリランカへ 五感でたのしむ輝きの島
定価1,980円

素敵でおいしい メルボルン&野生の島 タスマニアへ
定価1,980円

南フランスの休日 プロヴァンスへ 最新版
定価1,980円

かわいいに出会える旅 オランダへ 最新版
定価1,760円

最新版 ダナン&ホイアンへ 癒しのビーチと古都散歩
定価1,980円

太陽と海とグルメの島 シチリアへ 最新版
定価1,870円

ダイナミックな自然とレトロかわいい町 ハワイ島へ
定価1,980円

甘くて、苦くて、深い 素顔のローマへ 最新版
定価1,760円

改訂版 トルコ・イスタンブールへ エキゾチックが素敵
定価1,980円

絶景とファンタジーの島 アイルランドへ
定価1,870円

ロシアに週末トリップ！ 海辺の街 ウラジオストクへ
定価1,650円

遊んで、食べて、癒されて タイ・プーケットへ
定価1,650円

最新版 スウェーデンへ ストックホルムと小さな街散歩
定価1,980円

食と雑貨をめぐる旅 悠久の都ハノイへ 最新版
定価1,870円

芸術とカフェの街 オーストリア・ウィーンへ
定価1,760円

レトロな街で食べ歩き！ 古都台南&ちょっと高雄へ 最新版
定価1,760円

最新版 ニュージーランドへ 大自然&街をとことん遊びつくす
定価1,870円

フィンランドへ 最新版
定価1,870円

デザインあふれる森の国 きらめきの国 ギリシャへ
定価1,870円

太陽とエーゲ海に惹かれて きらめきの国 ギリシャへ / 心おどる バルセロナへ 最新版
定価1,760円

※定価はすべて税込価格です。(2025年1月現在)

ikaros.jp/hintbook/ 旅のごはんBOOK B5変型判

アドリア海の素敵な街めぐり
クロアチアへ
定価1,760円

中世の街と小さな村めぐり
ポーランドへ 最新版
定価1,760円

緑あふれる自由都市
ポートランドへ 最新版
定価1,760円

ボストンから、ニューイングランド地方の旬ごはん
定価1,870円

美食の古都散歩
フランス・リヨンへ
定価1,760円

彩りの街をめぐる旅
モロッコへ 最新版
定価1,870円

ゆったり流れる旅時間
ラオスへ
定価1,760円

うちで作れる
やさしいトルコごはん
定価1,870円

新しいチェコ・古いチェコ
愛しのプラハへ 最新版
定価1,760円

大自然とカラフルな街
アイスランドへ 最新版
定価1,760円

おとぎの国をめぐる旅
バルト三国へ
定価1,760円

ベトナムのまちごはん
バインミー
はさんでおいしいレシピ53
定価1,870円

ヨーロッパ最大の自由都市
ベルリンへ 最新版
定価1,760円

キラキラかわいい街
バンコクへ
定価1,760円

NYのクリエイティブ地区
ブルックリンへ
定価1,760円

しあわせ
ハワイごはん
ALOHAを味わうローカルレシピ64
定価1,870円

グリーンシティで癒しの休日
バンクーバーへ
定価1,760円

神秘の島に魅せられて
モン・サン・ミッシェルと近郊の街へ
定価1,760円

美しいフィレンツェと
トスカーナの小さな街へ
定価1,760円

ギリシャのごはん 増補新装版
うちで楽しむ、とっておきレシピ74
定価1,870円

カラフルなプラナカンの街
ペナン&マラッカへ
定価1,760円

森とコーヒー薫る街歩き
ノルウェーへ
定価1,760円

北タイごはんと古都あるき
チェンマイへ
定価1,650円

はじめてのアラブごはん
手軽に作れるエキゾチックレシピ62
定価1,760円

鈴木文恵
Fumie Suzuki

フォトグラファー＆トラベルライター
東京生まれ。多摩美術大学グラフィックデザイン科卒業。美大では写真を専攻、在学中にカメラを持ってひとり旅に出る楽しみに目覚める。20代後半に念願だった期限もルートも決めていない旅に出発、アジアからスタートしてシベリア鉄道でヨーロッパへ。さまざまな国で地元の人や旅人たちとの出会いがあり、1999年ブダペストにたどりつく。ブダペストを拠点に中東欧各国を訪ねる旅を重ね、そのまま移住。ガイドブックや雑誌を中心に写真撮影のほか、現地での生活や文化についてのコラムなどを執筆している。
www.suzukifumie.com

文・写真：鈴木文恵
デザイン：長尾純子
マップ：ZOUKOUBOU
編集：鈴木利枝子

旅のヒントBOOK
SNSをチェック！

＊ 海外への旅行・生活は自己責任で行うべきものであり、本書に掲載された情報を利用した結果、なんらかのトラブルが生じたとしても、著者および出版社は一切の責任を負いません。

改訂版
ハンガリー・ブダペストへ
夢見る美しき古都

2025年2月20日 初版第1刷発行

著者　　鈴木文恵
発行人　山手章弘
発行所　イカロス出版株式会社
　　　　〒101-0051 東京都千代田区神田神保町1-105
　　　　tabinohint@ikaros.co.jp（内容に関するお問合せ）
　　　　sales@ikaros.co.jp（乱丁・落丁、書店・取次様からのお問合せ）
印刷・製本　株式会社シナノパブリッシングプレス

乱丁・落丁はお取り替えいたします。
本書の無断転載・複写は、著作権上の例外を除き、著作権侵害となります。
定価はカバーに表示してあります。

©2025 Fumie Suzuki Ikaros All rights reserved.
Printed in Japan ISBN978-4-8022-1576-3